내 딸의 엄마에게

내 딸의 엄마에게
아주 특별한 입양 이야기

초판 1쇄 펴낸날 | 2011년 6월 10일

지은이 | 이정애
펴낸이 | 조영혜 **펴낸곳** | 동녘라이프

전무 | 정락윤
책임편집 | 이미종 김옥현
편집 | 이상희 박상준 구형민 이정미 윤현아
미술 | 김은영 **영업** | 이상현 **관리** | 서숙희 장하나

사진 | 최상규(F1 studio) **디자인** | art publication design GOGH **교정교열** | 박진희

인쇄 | 새한문화사 **제본** | 영신사 라미네이팅 | 북웨어 **종이** | 한서지업사

등록 | 제 311-2003-14호 1997년 1월 29일
주소 | (413-756) 경기도 파주시 교하읍 문발리 파주출판도시 532-5
전화 | 영업 031-955-3000 편집 031-955-3004 **전송** | 031-955-3009
블로그 | www.dongnyok.com **전자우편** | life@dongnyok.com

ISBN 978-89-90514-49-3 13040

* 책값은 뒤표지에 있습니다.
* 이 도서의 국립중앙도서관 출판시도서목록(CIP)은 e-CIP 홈페이지(http://www.nl.go.kr/ecip)와
  국가자료공동목록시스템(htttp://www.nl.go.kr/kolisnet)에서 이용하실 수 있습니다. (CIP제어번호: CIP 2011002287)

내 딸의 엄마에게

이정애 지음

CONTENTS

Prologue 8

Part 01
인연

해몽 16
첫 만남 18
기적 26
편견 30
첫 선물 34
나의 엄마 38
아버지 40
염색체 이상 44
새로운 시작 48
당신을 떠나 내게로 52
우리 가족, 박민효 56

Part 02
아름다운 날들

젖먹이기 62

첫 예방접종 64

변태 엄마 66

개구쟁이 오빠들 68

강한 딸 70

동생으로 받아들이기 76

리얼리티 78

쇼핑의 즐거움 82

피접 86

입원 88

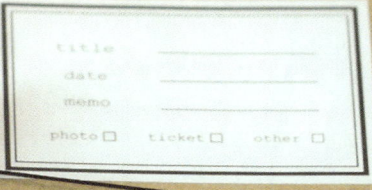

Part 03
가족이라는 이름

세상에서 가장 친한 친구　99
신명 많은 아이　102
생일 파티　106
일상의 보물　114
딸과 아들　118
세쌍둥이 자전거　122
반가운 전화　128
성깔쟁이 민효　130
설빔　132
긴급 전화　134
억울한 둘째　136
외국인 아줌마　142
라디오　144

Part 04
거꾸로 바라보기

역지사지　154
가족의 의미　160
아이 수출　162
짐승만도 못한 인간　166
자식의 의미　170
'미안해'의 힘　176
성폭력　178
아름다운 아줌마　184
세상에서 가장 큰 감옥　192
미혼모　196
공개 입양　200
내가 바라는 세상　202
엄마인 내가 알지 못하는 것　204
평민의 유언장　207
내 딸의 엄마에게　212

Epilogue　218

Bonus Info
우리 가족을 위한 희망 입양 바로 알기　223

Prologue

어느 날 새벽, 누군가 나를 줄기차게 깨우는 느낌에 잠이 깼습니다. 어렴풋이 한 여자의 환영이 보였습니다.
'슬프구나.'
'우는구나.'
'아프구나.'
한눈에도 많이 아파 보이는 그녀에게 나는 이야기를 들려 주고 싶었습니다. 이 책은 그녀에게 보내는 편지입니다.

나에게는 딸이 하나 있습니다. 어느 날 '입양'이라는 사회제도를 통해 나에게 온 딸이지만, 만약 누군가 "당신이 직접 낳은 게 아니잖소"라고 말한다면 주저 없이 그렇지 않다고 대답할 것입니다. 신생아실이 아닌 입양 기관의 사무실 한켠의 아기 침대에 누워 있던 태어난 지 3일 된 여자아이를 입양하겠다고 말하고 나서 나는 꾸역꾸역 눈물을 삼켜야 했습니다. 아마 그때 딸을 가슴으로 낳았나 봅니다. 그날부터 나와 남편, 두 이들과 내 딸은 '가족'이라는 둥지를 틀었습니다.

빛나는 3개월을 보내던 어느 날, 입양 기관에서 전화가 왔습니다. 내 딸을 낳은 어린 미혼모가 아기가 그리워 마음의 병이 들었다고 했습니다. 아기를 다시 데려가고 싶어 한다는 말에 철저히 이기적으로 굴었습니다. 내 딸의 어린 엄마를 부정했고, 아기를 보여줄 수는 있지만 양육할 형편이 되지 않는 엄마에게 아기를 보낼 수 없다고 말했습니다.

이제 4년이 흘렀고, 내내 빚을 진 마음으로 살아가고 있습니다. 새벽에 문득 잠이 깨면 아기를 그리워하며 눈물 흘리고 있을 그녀가 떠올라 마음이 무겁습니다. 내 딸이 햇살보다 밝은 미소를 지을 때면 어린 엄마가 그 모습을 볼 수 없다는 사실이 안쓰럽고 가슴 아픕니다. 아기를 버렸다는 죄책감을 품고 평생을 살아갈 그녀의 아픔과 괴로움이 느껴져 이제는 내 딸의 엄마를 떠올리기만 해도 눈물이 고입니다.

입양 서류를 제출한 날부터 숱한 고민을 했습니다. 내 딸에게 입양한 사실을 말해야 할까? 아니면 영원히 숨기는 것이 좋을까? 하지만 자기 자신에 대해 알 권리를 빼앗을 수 없다는 것이 우리 가족이 내린 결론이었습니다. 무엇보다도 딸이 성장해 자기를 낳은 엄마를 오해하거나 원망하지 않기를 바랐습니다. 함께 생활하며 일상을 나눌 수는 없지만 아프도록 너를 그리워하고, 아프도록 너를 사랑했다는 것을 가르쳐 주어야 했기 때문입니다. 그리고 그녀에게 아기가 자라는 모습을 보여 주고 싶었습니다.

엄마라는 이름을 포함해 다섯 가지 직업을 가지고 살아가는 내 모습과 숨 가쁜 일상을 함께하는 세 아이의 모습을 글로 옮겼습니다. 이 글을 읽은 분들이 우리 가족의 모습이 자신의 모습과 다르지 않다는 것을 알게 된다면 그것만으로 충분합니다. 딸아이를 입양한 엄마, 입양한 여동생이 있는 두 아들, 입양된 딸이 다르지 않다는 것을 느낄 수만 있다면 만족합니다.

혹시 내 딸을 길에서 마주치거나, 입양된 아이를 소개받으면 지금부터라도 부디 다른 시선으로 바라보지 말라고 부탁하고 싶습니다. 나와 다르다고 해서 다른 잣대로 판단하지 말았으면 합니다.

여러분의 시선 하나가 내 딸을 포함해 같은 처지에 있는 아이들이 세상에서 당당히 살아갈 힘을 줄 수 있습니다. 자신의 현실을 부인하지 않고 스스로 부끄러워하며 감추지 않고 살아갈 수 있는 세상을 만들어 주고 싶습니다. 이 책을 읽은 분들이 그렇게 아름다운 세상을 만들어 가는 데 동참해 주셨으면 합니다.

일과 육아, 학업을 병행하며 글을 쓰는 과정은 녹록지 않았습니다. 숨 가쁜 일상에서도 내게 힘이 되어 준 세 아이, 상준과 건희, 민효에게 고마운 마음을 전합니다. 못난 엄마지만 늘 사랑하고 격려해 주어서 고맙습니다. 세상 누구보다도 민효를 애지중지 사랑해 주시는 부모님께도 마음 깊이 감사드립니다. 부족한 내 이야기를 책으로 펴내게 도와주신 동녘라이프출판사 분들께도 고마운 마음을 전합니다. 마지막으로 '입양'이라는 이름으로 열 달간 소중히 기른 아이를 다른 곳으로 보내고 아기를 그리워하며 살아갈 이 세상의 모든 어린 엄마에게 이 책을 바칩니다.

PART
01

PART
01

인연

입양 서류를 제출하고 5일째 되는 날,
너무나 생생한 꿈을 꾸었습니다.
보름달이 환하게 떠서 대낮처럼 밝은 밤,
그 달 아래 초가집에서 할머니가
아기를 낳았습니다.
나는 그 아기를 받고 있었습니다.

그리고 다음 날, 미혼모인 당신은 딸을 낳았습니다.
나와 당신, 그리고 당신의 딸이자 나의 딸의 인연은
이 꿈과 함께 시작되었습니다.

해몽

2007년 10월 13일 토요일, 잠에서 깨자마자 들떴습니다. 환한 보름달 아래 내 손으로 어여쁜 아기를 받는 꿈, 그건 분명 좋은 꿈이었기 때문입니다.

유난히 꿈이 잘 들어맞는 내게 꿈은 현실에 대한 예시이기도 합니다. 어느 해인가, 이가 빠지는 꿈을 꾼 다음 날 고모부께서 돌아가셨다는 연락을 받았습니다. 같은 꿈을 두 번째 꾼 날엔 작은아버지의 새 차를 폐차시킬 만큼 큰 교통사고가 났습니다.

물론 좋은 꿈도 많았습니다. 어느 날 도서관에 가는 꿈을 꾸었습니다. 자료 검색함을 열어 보니 온갖 보석이 반짝반짝 빛나고 있었습니다. 평소에는 꿈속에 다른 사람이 잘 나오지 않는데 그때는 남편과 함께 있었습니다. 남편의 옷 주머니가 넘치도록 보석을 담아 주던 장면이 지금도 선명합니다. 그 꿈을 꾼 다음 날 낮에 한껏 들뜬 남편의 전화를 받았습니다. 그는 대뜸 "대통령 만세!"라고 외치며 요란을 떨었습니다. 교통법규 위반으로 면허가 취소됐는데, 대선을 앞둔 정치권에서 '면허증 말소자 일제 구제'라는 선물 공세를 펼친 것입니다. 남편이 운 좋게 운전면허 시험을 다시 보게 된 그 일도 실은 내 꿈에서 미리 이야기해 주었다고 할 수 있습니다.

좋은 꿈을 꾸었으니 분명히 무언가 기분 좋은 일이 생길 것이라고 생각했습니다. 정확히 알 수는 없지만 막연히 '정말 좋은 일'이 생길 것 같은 느낌에 한껏 들떴습니다. 하지만 그런 기대는 여지없이 무너져 버렸습니다. 그동안 착실히 내게 영어 과외를 하던 상기의 어머님이 잠시 공부를 쉬고 싶다는 전화를 했기 때문입니다. 학생이 그만둔다는 사실은 자존심이 강한 내게 상처로 다가왔습니다. 공부를 가르치는 것뿐 아니라 내 자식처럼 사랑하고 정을 주었기에 당장 아이가 그만둔다는 것보다 그 아이가 보고 싶으면 어쩌나 하는 생각에 우울해졌습니다.

'꿈값도 못하는 날이네.'

내 예지력도 다되었다는 생각에 괜스레 우울해졌습니다. 내 꿈이 무엇을 말하는지 알지 못한 채 주말 내내 수업을 하면서 복작거리는 집 안에서 정신없이 보냈습니다.

그때 당신의 마음은 어땠을까? 당신이 낳은 딸아이를 한번 품에 안아 보지도 못한 채 떠나보냈겠지요. 열 달을 당신과 함께한 아기, 뱃속에서 꿈틀거리고 발로 통통 차던 당신의 딸을 젖 한번 물리지 못한 채 보내야 했겠지요. 내가 꿈 때문에 기뻐하다 실망감과 우울함에 젖어 있던 주말 내내 당신은 딸을 떠나보낸 죄책감과 그리움으로 얼마나 아팠을까요?

그렇게 내게도, 당신에게도 그 이틀은 아프고 슬픈 주말이었습니다.

첫 만남

4년 전에는 하루 종일 집에서 과외를 했습니다. 큰아들 상준이는 초등학교 3학년, 작은아들 건희는 여섯 살이었습니다. 아침에 일어나면 두 아이를 학교와 어린이집에 보낸 뒤 자전거를 타고 운동하러 갔습니다. 키가 크고 하체가 약한 편이라 다리를 튼튼하게 할 만한 운동을 찾다가 권투를 하게 되었지요. 내내 뛰어야 하는 권투를 하는 동안 일상의 무료함을 달랠 수 있었습니다.

그날은 웬일로 권투도 하러 가지 않은 채 잠에서 헤어나지 못하고 있었습니다. 나만 그런 것이 아니라 건희도 늦잠을 자는 바람에 어린이집에 가지 못했고, 상준이는 4교시를 마치고 집에 돌아와 세 명이 모두 집에 있게 되었습니다. 어지간해선 아이들을 데리고 외출할 마음의 여유가 없었는데, 그날따라 서점에 가고 싶었습니다. 후다닥 준비를 마치고 아이들과 함께 시내 대형 서점에 가서 책을 고르고 있는데, 전화벨이 울렸습니다.

"안녕하세요. 저는 사회복지회 소장입니다."

"네. 안녕하세요."

단정한 서울말을 쓰는 입양 기관 소장님의 전화를 받고 의례적인 인사를 건넸습니다.

"실은 사무실에 아기가 한 명 있는데 다른 집에 보낼 수가 없어서요."

순간 내 머릿속에 남편과 함께 입양 서류를 제출할 때 한 말이 획 지나갔습니다.

"소장님, 저희는 아들이 둘이라 사내아이는 입양할 수 없어요. 딸을 입양할 수 있도록 부탁드립니다. 대신 예쁘지 않아도 됩니다. 얼굴에 점이 있어도 되고, 몸에 흠이 있어도 상관없어요. 남들이 데려가지 않겠다고 하는 아이가 있으면 보내 주세요. 참, 혈액형도 저희 부부와 맞지 않아도 됩니다."

대한민국에서 입양을 생각하는 부모는 대부분 비공개 입양을 전제로 혈액형을 미리 맞추어 본다는 것을 알고 있었습니다. 게다가 몸에 큰 점이 있는 등 나중에 아기를 낳은 엄마가 알아볼 수 있는 신체적 특징이 있는 아이도 입양 대상에서 제외되는 경우가 많습니다. 그뿐만이 아닙니다. 아이의 외모를 중요하게 생각해 아기 엄마가 키가 작거나 아기가 예쁘지 않은 경우 아기를 보고 퇴짜를 놓기도 한다고 들었습니다. 입양하기로 결심한 순간부터 그 사실을 비밀에 부치지 않기로 결심한 우리에게 아기의 외모는 그다지 문제가 되지 않았습니다. 남들이 원하지 않아 소외된 아기를 더 큰사랑으로 잘 키우겠다고 결심했지요.

우리 부부가 서류를 제출했을 때 입양 기관에서는 낙관적인 대답을 주지 않았습니다. 대부분 여자아이를 원하기 때문에 현재 출산을 앞둔 미혼모가 딸만 낳는다고 해도 최소한 6개월은 기다려야 한다고 했습니다. 그래서 입양 서류를 제출한 지 불과 일주일 만에 아기를 보러 오라는 전화를 받고 깜짝 놀랐습니다.

"소장님, 아기가 많이 못생겼나 봐요. 그렇죠?"

웃으며 던진 내 질문에 소장님은 정색을 했습니다.

"아닙니다, 토요일에 아기가 한 명 태어났어요. 분만실에서 간호사가 데리고 나온 아기를 받아 안은 순간 정말 깜짝 놀랐어요. 아유, 아기가 선생님을 너무 닮은 게 아니겠어요? 대기하고 있는 다른 가정에는 아예 연락도 드리지 않았어요. 선생님한테 제일 먼저 전화 드리는 겁니다. 지금 아기를 보러 오시겠어요?"

순간 머릿속에 초신성이 폭발하는 속도로 금요일에 꾼 꿈부터 오늘 있었던 일까지 모든 것이 휙 지나갔습니다. 아기를 받는 그 꿈을 왜 꾸었는지

대번에 알 수 있었습니다.
'아, 나랑 분명 인연이 있는 아기구나.'
주저하지 않고 바로 대답했습니다.
"아기를 처음 만날 땐 꼭 저희 아이들과 함께 가고 싶다고 생각했어요. 아, 감사해라. 지금 아이들하고 같이 있거든요. 그리고 제가 지금 시내에 나와 있어요. 10분 안에 갈 수 있어요."
내가 무슨 말을 하고 있는지 모를 정도로 말이 정리가 되지 않았습니다. 가슴이 너무 떨렸기 때문입니다.
집에서 입양 기관까지 가는 데 한 시간 정도 걸리는데, 전화가 온 그 순간 두 아들과 함께 가까이 있다는 사실이 신기했습니다. 우연히 외출하지 않았더라면 아이들과 함께 갈 수 없었을 텐데……. 그 모든 것이 운명처럼 느껴졌습니다.
나와 인연이 있는 아기라는 확신이 들자 마음이 조급해졌습니다. 택시를 타고 당신의 딸을 만나러 가는 내내 발을 동동 굴렀습니다. 차가 왜 이리 느리게 가는지 답답했고, 아기가 혹시 힘들어하고 있지는 않을까 마음이 아팠습니다. 당신이 열 달을 뱃속에서 길러 낳은 딸을 만나러 가는 길이 멀게만 느껴졌습니다.
내 머릿속에 10월 15일은 영화 속 한 장면처럼 또렷이 각인되어 있습니다.

엄마와 남자아이 둘이 사무실 문을 열고 들어갑니다.
담당 복지사와 소장이 사무실을 가로질러 그들을 안내합니다.
그들은 작은 문 앞에 서 있습니다.
문이 열리자 좁은 사무실 한편에 덩그러니 아기 침대가 놓여 있습니다.

그리고 그 옆에 선풍기 모양의 전기난로가 붉은 할로겐 빛을 비추며
침대를 향하고 있습니다.
그 침대에 이제 태어난 지 3일 된 여자아기가 누워 있습니다.
병원 신생아실도 아닙니다.
난방도 잘되지 않는 작은 사무실 침대 위에서
아기는 조그마한 전기난로의 빛으로 몸을 데우고 있습니다.
아기는 엄마 젖도 한번 먹어 보지 못했습니다.
엄마 얼굴도 보지 못했습니다.
엄마가 어디 있는지, 누구인지도 모릅니다.

그러나
아기는
엄마 품이 아닌데도
엄마 젖 냄새가 나지 않는데도
잠을 자고 있습니다.
아기는 입가에 우유를 조금 묻힌 채
얼굴을 살짝 찡그리고 있습니다.
고개를 갸우뚱하더니 잠을 잡니다.

누가 나를 데려갈까?
나를 데려가 주세요.
사람들이 무슨 이유로 자기를 보는지 모른 채
아기는 편안히 잠들어 있습니다.

아기는 사람들이 자기를 보면서 무슨 생각을 하는지 모릅니다. 사람들이 자신을 데려가 키울지 말지 고민하고 있다는 것을 모릅니다. 아기는 행복하게 잠들어 있습니다.

"엄마, 아기가 엄마랑 너무 많이 닮았어요!"
생각에 잠긴 나를 깨운 것은 건희였습니다. 곁에 있던 상준이도 아기를 보더니 웃음 가득한 얼굴로 고개를 끄덕였습니다. 건희의 말처럼 정말 신기하게도 나를 쏙 빼닮은 아기를 만났습니다.
태어난 지 3일 된 당신의 아기. 다른 집 아기들은 신생아실에서 이런저런 검사를 받느라 바쁠 그 시간에 당신의 아기는 낯선 사람의 품에 안겨 소장님의 집에서 이틀을 보냈습니다. 그리고 소장님의 차에 실려와 사무실에서 자기를 입양할 부모에게 선택될 순간을 기다리고 있었습니다.
할로겐 불빛을 반사하며 아기의 얼굴은 발그레 익어 있었습니다. 당신의 딸을 본 순간, 갓 태어난 아기가 엄마와 떨어져 이런 곳에 누워 있다는 사실만으로도 눈물이 났습니다. 있는 힘을 다해 이를 꼭 깨물고 눈물을 참아야 했습니다.
지금도 그 순간을 떠올리면 멀쩡히 수업을 하다가도, 책을 보다가도, 장을 보다가도 눈물이 주르르 흐릅니다. 아기를 처음 본 그날은 지금도 기억하고 싶지 않은 순간으로 남아 있습니다. 당신의 딸을 처음 본 순간 너무나 가슴이 아팠으니까요. 아기가 너무 가여웠습니다.
"선생님, 이 아기 입양하시겠어요?"
"네."
입양 절차는 그렇게 간단합니다. 서류를 제출하고 대기하다 아기를 보고 입양할지 결정하면 됩니다. 대답하는 순간 나도 모르게 화가 났습니다.

만약 그 자리에서 "아, 죄송해요. 아기가 마음에 들지 않아요"라고 말한 다면 또 다른 아기를 보고 고를 수 있습니다. 마치 애견 센터에서 키울 애완동물을 고르듯이 말이지요. 그렇게 당신의 딸을 골라온 셈입니다. 수많은 미혼모의 아기가 혈액형이나 성별, 개인적 취향에 따라 걸러져 입양되지 못합니다. 못생겼거나 키가 작아서, 혹은 여느 아기와는 다른 특징 때문에 한 가족의 일원으로 평범하게 자랄 수 있는 기회를 박탈당합니다. 그런 아기들은 고아원에서 생활하거나 어쩌다 운이 좋으면 해외로 입양되어 피부색이 다른 부모의 아이로 살아갑니다.

우리나라의 입양 절차에 대해 호주에서 온 친구 클레어에게 말했더니 고개를 질레질레 흔들너군요. 호수에서는 입양을 하고 싶어도 쉽게 할 수 없다고 합니다. 서류를 제출하고 최소한 5~6년은 기다려야 한답니다. 그동안 예비 부모는 정신과 검진과 상담, 교육 과정 등을 거쳐 모두 통과할 경우 아이를 입양할 수 있다고 했습니다. 부모로서 자격을 갖춰야 아이를 입양할 수 있다는 말입니다.

그에 반해 해외 입양 3위 국가라는 오명을 벗기 위해, 입양 자격 요건을 대폭 완화해서라도 입양을 장려하고 싶어 하는 나라. 기본적인 자격을 갖춘 가정에서 간단한 서류 절차만 거치면 입양할 수 있는 나라. 그러면서도 대중매체에서는 입양된 아이를 '버림받은 아이'라고 말하는 나라. "버리려면 제대로 버리지"라는 대사가 버젓이 드라마에 나오는 나라. 그리고 입양된 아이에게 대놓고 '근본도 모르는 아이'라고 말해 상처를 주는 나라…….

이런 이중적 시선을 아무렇지 않게 받아들이는 대한민국에서 입양아라는 자신의 처지를 받아들이고 모든 편견을 참아 내야 할 딸, 그 딸의 엄마가 되어야 하는 나의 운명, 그토록 무거운 인연을 나는 그 순간 한마디 대답으로 선택했습니다.

"네, 입양하겠습니다."

그 짧은 대답과 함께 당신이 열 달을 소중하게 길러 낳은 딸을 그렇게 쉽게 입양할 수 있었습니다. 대한민국에 태어난 행운으로 단 한마디 질문과 "네"라는 대답, 그리고 한 장의 서류에 사인만 하면 충분했습니다. 그 서류는 즉 아기를 양도하겠다는 증서, 이 아이는 이제 내 소유라는 증서 같은 것이었습니다. 지금도 화난 목소리로 당신에게 이야기하고 있는 내 마음을 이해할 수 있을까요?

30분도 채 되지 않는 시간에 당신이 열 달 동안 소중하게 아기를 기른 그 수고를 쉽게 내 것으로 할 수 있었습니다. 그 순간 이런 대한민국이 처음으로 밉다는 생각이 들었습니다.

사인한 서류를 받아 들고 소장님이 다음 절차를 설명해 줬습니다.

"아기가 정상이라는 소견이 나와야 입양 절차가 완료됩니다. 내일 서울 지정 병원에 입원해서 열흘 동안 모든 검사를 마친 뒤 정상이라는 판결이 나면 입양이 성립돼요. 그 후에 댁으로 아기를 데려가시면 됩니다."

    엄마 품에 한번 안겨 보지도 못한 아기,
    엄마 냄새도 한번 맡아 보지 못한 아기,
    분만실 문밖에서 기다리던 생면부지의 품에 안겨
    낯선 이의 집으로 갔다가 다시 사무실에 온 아기······.

우리 조상은 아기가 태어나면 대문에 21일 동안 금줄을 걸어 나쁜 기운이 들지 않게 했습니다. 그렇듯 소중하게 다루어야 할 아기건만, 우리 아기는 태어난 지 하루 만에 이 집 저 집 옮겨 다니는 것도 모자라 3일째 되는 날에는 서울로 가야 한다니……. 마음이 아려와 말을 잇지 못했습니다. 그렇게 태어난 지 3일 된 핏덩어리는 먼 여행을 떠났습니다. 우리는 사무실 문이 닫힌 후에도 몇 번이고 뒤돌아보았습니다. 누가 아기를 데려갔는지는 생각나지 않지만 내 머리와 가슴을 메운 염려만큼은 또렷하게 기억에 남아 있습니다.

기적

"어, 이게 뭐야?"
잠자리에 들었다가 젖가슴에 물이 흐르는 느낌에 깜짝 놀라 불을 켰습니다. 뽀얗고 불투명한 그것은 물이 아니라 젖이었습니다. 당신의 딸을 만나고 5일 후, 내 몸에선 젖이 흐르고 있었습니다. 둘째 건희를 낳고 6년째 되던 해였습니다.

밤새도록 잠 한숨 자지 못하고 인터넷을 검색하면서 고민했습니다. 검색해 보니 별다른 이유 없이 젖이 나오면 유방암일 가능성이 높다는 이야기가 대부분이었습니다. 아기가 서울로 가고 며칠 만에, 난데없이 흐르는 젖을 보며 온갖 경망스러운 생각이 다 들었습니다. 다행스럽게 한 가지 짚이는 것이 있어 날이 밝자마자 얼마 전 위내시경 검사를 한 병원으로 달려갔습니다.

"선생님, 젖이 나와요."
"아, 네. 아주 드물긴 하지만 가끔 위장약을 복용하는 환자분 중에 젖이 나오는 경우가 있습니다. 약을 다 드시면 괜찮아지니 걱정하지 마세요."
그제야 마음이 놓였습니다.
"선생님, 실은 제가 입양을 했어요. 10일 후면 아기가 오는데 이 젖을 먹여도 될까요? 아기에게 문제가 되진 않을까요?"
"정말 축하할 일이네요. 기적입니다. 아기에게는 해가 되지 않으니 먹여도 됩니다. 위장약을 조금 더 처방해 드릴게요. 정말 축하합니다."
활짝 웃는 의사 선생님을 보며 가슴이 벅차올랐습니다. 입양 서류를 제출한 예비 부모는 건강검진을 받아야 합니다. 간단한 검진으로 보건소에서 피검사와 함께 엑스레이 사진을 찍으면 되지만 이참에 제대로 건강검진을 해 두려고 몇 가지 암 검사와 위내시경 검사를 추가했습니다. 아기를 키우려면 엄마가 건강해야 한다고 믿었기 때문입니다.

늘 수업 시간에 쫓겨 규칙적으로 식사하지 못하는 터라 위장병은 고질병이었습니다. 예상대로 십이지장궤양 진단을 받았고 생각보다 심각해서 두 달이나 약을 먹어야 했습니다. 장기적으로 위장약을 복용하다 보니 젖이 나오게 된 것입니다.

두 아들 모두 돌까지 젖을 먹였지만 혼합 수유를 해야 했습니다. 결혼한 후에도 일을 해야 했기 때문에 젖을 물릴 시간 여유가 없기도 했지만 사실은 젖이 잘 도는 '참젖'이 아니라 양이 턱없이 부족했기 때문입니다.

상준이를 가졌을 때 몇 차례 입원한 끝에 아홉 달을 겨우 채워 제왕절개로 아이를 낳았습니다. 앞쪽 침대의 아기 엄마는 작은 젖가슴에 젖이 철철 흘렀습니다. 배불리 아기를 먹인 뒤에도 그 귀한 젖을 짜서 버릴 만큼 젖이 흔한 산모였습니다. 나는 출산 후 젖이 나올 기미가 보이지 않아 핫팩으로 찜질하고 유축기로 몇 시간이고 펌프질을 해야 했습니다. 그래서 얻는 젖은 고작 50밀리리터. 시어머니는 "물젖이야. 젖통만 크지 쓸모가 없다"며 타박을 주셨습니다.

둘째를 낳은 지 6년, 약의 힘으로 얻은 한두 방울 젖을 아기에게 먹일 만큼 만들겠다는 것은 달걀로 바위 치기처럼 무모한 도전이었습니다. 하지만 결코 그 젖을 포기하고 싶지 않았습니다.

'내 몸에서 나오는 젖을 아기에게 먹여야 돼. 아기가 젖을 먹으며 내 심장 소리를 들으면 마음이 안정될 거야.'

안 될 거라거나 힘들 것이라는 부정적 생각은 하지 않기로 결심했습니다. 그저 '되게 하겠다'고만 생각했습니다.

그날부터 젖을 얻기 위한 투쟁이 시작되었습니다. 산후 조리하는 산모처럼 김치 한 조각 먹지 않고 미역국과 밥만 먹었습니다. 재래시장에 가서 산모들이 먹는 기장미역을 산 뒤 하루에 한 솥씩 끓여 놓고 당신의 딸이 올 때까지 10일 내내 먹었습니다. 지금 돌이켜 보면 그때는 1백 일을 인내하며 마늘만 먹은 곰과 같았습니다.

사실 스물다섯 살까지 육류를 조금도 삼키지 못했습니다. 결혼한 후 양념돼지갈비와 바싹 구운 쇠고기 정도는 먹을 수 있게 되었지만 아직까지도 수육이나 족발, 돼지고기국밥 등 삶은 고기는 전혀 먹지 못합니다. 두 아들을 출산한 직후 젖이 잘 나오지 않자 시어머니께서 족발을 10개나 사오셨습니다. 손도 못 대고 구역질을 해 대는 나를 이기지 못한 시어머니는 결국 잉어를 고아 주셨습니다.

이런 내가 이번에는 내 손으로 돼지 족발을 사서 손질해 솥에 넣고 몇 시간을 끓였습니다. 족발 고는 고약한 냄새가 가득한 집 안에서 하루 종일 헛구역질을 해 댔습니다. 그래도 나를 만날 날을 기다리고 있을 당신의 딸을 떠올리면 저 냄새나는 것을 꼭 먹어야 한다는 생각이 들어 참고 또 참았습니다. 코를 틀어막고 후춧가루를 새까맣게 뿌린 국물을 단숨에 들이켰지요. 3일 정도 먹으니 젖이 뽀얗게 나오기 시작했습니다. 젖가슴을 한 손가락으로 꾹 눌러 아래로 주욱 흐르는 젖을 보며 실실 웃었습니다. 당신이 낳은 딸이 엄마의 심장 소리를 들을 수 있도록 꼭 모유를 먹이고 싶었습니다. 그 목표를 달성하기 위해 우리 가족은 매일 밤 최선을 다했습니다. 퇴근한 남편은 저녁을 먹기가 무섭게 생젖에 젖이 돌게 하기 위해 유축기를 들고 한 시간 이상 펌프질을 했습니다. 아이들 입심이 들어가야 젖이 잘 나온다고 하시던 어른들 말씀이 생각나 둘째 건희를 꼬드겨 입으로 젖을 빨게 했습니다. 엄마 젖을 빨던 여섯 살 건희의 표정을 생각하면 지금도 웃음이 터집니다. 입안에 닝닝한 젖이 고이면 건희는 '우웩!' 하고 구역질 소리를 내며 그릇에 젖을 퉤 뱉었습니다. 눈물이 그렁그렁한 눈으로 나를 바라보면서 "엄마, 이거 안 하면 안 돼요?"라며 울상을 지었습니다.
"건희야, 동생이 그냥 생기는 게 아니야. 힘들어도 조금만 더 하자. 힘내."
건희의 등을 두드리며 달랬습니다. 그렇게 건희는 하루에 30분 이상 엄마가 시키는 강제노동에 동원되었습니다. 엄마 젖을 20분 이상 빨면 건희의 울음소리가 안방에서 새어 나갔습니다.
4일째 되는 날, 젖가슴이 퉁퉁 부어 손도 대지 못할 정도로 성이 나 있었습니다. 아기를 낳아 자연스럽게 나오는 젖이 아니니 당연한 결과였습니다. 수업을 하려고 의자에 앉아 있는데 젖가슴에 열이 나다 못해 온몸이 저려 왔습니다. 젖몸살이 심해지자 친정엄마는 그냥 분유를 먹이라며 젖몸살을 할 때 나오는 젖은 먹이시도 못한다고 겁을 주셨습니다. 젖을 말리는 약을 먹으라고 당부하셨지만 이대로 포기하고 싶지 않았습니다.
'부처님, 하느님, 성모님…… 이왕 제게 젖을 주셨으니 이 젖을 먹일 수 있게 해 주세요. 제발…….'
수업이 끝날 때까지 가까스로 아픈 몸을 버텼습니다.
나무 위에 앉은 까치 소리에 잠을 깬 아침, 열이 가라앉고 화끈거리던 가슴이 아무렇지 않은 것을 알아차리고 순간 가슴이 철렁 내려앉았습니다.
'왜 아프지 않은 거지? 젖이 말라 버린 걸까? 어떻게 하면 좋아.'
불안한 마음에 절로 몸이 떨렸습니다. 덜덜 떨리는 손으로 용기를 내 오른쪽 젖가슴을 눌렀습니다. 쭈욱, 예닐곱 가닥의 힘찬 젖이 직선으로 뿜어져 나오는 것이 아니겠습니까? 새벽녘에 젖이 흐르는 가슴을 보며 눈물을 흘렸습니다. 내게 젖을 보내 주신 분이 드디어 내 딸, 아니 당신의 딸에게 내 젖을 허락하시는구나 싶어 흘린 기쁨의 눈물이었습니다. 평소 기적을 믿지 않았지만 그때 내게 일어난 기적을 죽을 때까지 잊지 않겠다고 다짐했습니다.

편견

"정애야! 얼라 옷 사러 가자."
나보다 더 신이 난 친정엄마가 전화를 하셨습니다. 우리는 아기 옷과 이불, 젖병 등을 사러 대구에서 제일 큰 재래시장으로 갔습니다. 유아복 매장이 늘어선 건물의 좁은 골목으로 들어간 뒤 아이들 옷은 브랜드를 따지기보다 면이 좋으면 된다는 생각에 공감하며 쇼핑을 시작했습니다. 인상 좋은 여주인이 서 있는 가게를 본 친정엄마가 내 손을 끌고 앞장섰습니다.
"출산 예정일이 언제인가요?"
주인아주머니가 내 배를 유심히 쳐다보며 물었습니다. 그러고는 고개를 갸우뚱하며 말했습니다.
"어디 선물하실 거예요?"
"아니요. 아기를 입양했어요. 나흘 후면 아기가 집으로 오거든요."
스스럼없이 대답했지만, 그 순간 시계가 정각을 가리키는 찰나의 멈춤 같은 시공간에 우리 셋이 갇힌 것 같은 느낌이 들었습니다. 내 말 끝에 흐르는 침묵이 미묘하고 어색한 정적을 만들었습니다. 그것을 깬 건 주인아주머니가 수선스럽게 뱉어 낸 이야기였습니다.
"좋은 일 하셨네요. 저도 입양하려고 애들 아빠랑 오랫동안 생각했거든요. 하지만 늘 나와서 생활하니 내 아이 하나 건사하기도 힘들더라고요. 근데 어디서 입양하셨어요?"
어색한 웃음을 띠며 묻는 주인아주머니에게 친정엄마는 순진하게 딸 자랑과 이런저런 이야기를 하시느라 정신이 없었습니다. 하지만 나는 순간 인상 좋던 그 여자가 가식적으로 보였습니다. 그녀는 누구 아기냐, 아기 부모는 만나 봤느냐, 돈을 얼마나 주고 데려왔느냐는 등 쉬지 않고 질문을 퍼부었습니다. "애가 잘 들어와야 하는데……"라는 말을 들은 순간 결국 인내심이 바닥나 버렸습니다. 처음으로 입양했다고 말한 것을 후회했습니다.
"좋은 일 하셔서 복 받으실 거예요. 아기 잘 키우세요."
등 뒤로 들려오는 인사말에 가슴이 답답해졌습니다. 도대체 뭐가 궁금한 걸까요? 그 여자는 당신의 딸에 대해 뭐가 그리 알고 싶었던 것일까요? 나도 아직 알지 못하는 당신의 딸에 대해 무슨 궁금한 게 그리 많아 내게 수많은 질문을 쏟아 낸 걸까요?
앙증맞은 신발, 분홍색 내복, 깜찍한 손싸개 등을 구경하며 행복감에 들떠 있던 철부지 엄마의 모습은 온데간데없이 사라졌습니다. 집으로 돌아가는 발걸음이 무거웠습니다. 세상의 벽에 무딪혀 뒷걸음치다 도망친 패배자가 된 것 같았습니다. 무언가에 짓눌린 듯 위축된 모습으로 집으로 향했습니다. 기가 눌린 나는 그다음 날 동네 대형 마트에서 '세상'이라는 녀석에게 완패를 당했습니다.
예방접종을 하러 갈 때 아기에게 씌울 모자를 사러 두 아들을 데리고 갔습니다. 2층 유아복 코너의 직원이 다가와 인사를 했습니다.
"손님, 무엇을 찾으시나요?"
"아기 모자요."
"아, 선물하실 건가요?"
순간 어제 일이 떠올라 허둥지둥 말을 뱉었습니다.
"저기, 제가 아기를 낳았는데, 지금 일주일 돼서……."
"산모세요? 몸이 정말 빨리 돌아오셨네요. 일주일 되셨는데 이렇게 다니셔도 돼요?"
"아니, 그게 아니고, 아기를 입양해서요."
말이 떨어지기가 무섭게 또다시 시계가 멈춘 듯한 상태를 경험했습니다.

"어머, 죄송합니다."

"아, 아니에요. 실은 아들이 둘 있는데 입양을 한 거예요."

당황한 듯한 그녀의 대답에 나 역시 서둘러 말문을 열었습니다. 도대체 나는 그녀에게 무슨 말을 하고 싶었던 걸까요? 분명히 변명을 한 거였습니다. 아니, 정확하게 말하면 자기방어를 한 것입니다.

'애를 못 낳아서 입양한 게 아니에요. 제 아들이 둘이나 있고, 그래도 입양을 하고 싶어서 결정한 거예요. 미안해할 필요 없어요. 저는 당당한걸요. 제게는 그런 말씀 안 하셔도 돼요. 제가 좋은 일을 했다고 사람들이 그러던데, 당신도 그렇게 생각하시죠?'

"죄송합니다"라는 그녀의 말이 떨어지기가 무섭게 내 머리는 합당한 대답을 찾기 위해 마치 컴퓨터가 돌아가듯 이런 생각을 속사포처럼 정리해 나가고 있었습니다. 치졸하게, 당당하지 못하게 입양 사실을 숨기고 싶어 하면서도 교양 있게, 안 그런 척 포장한 채 여유 있는 모습으로 "아뇨, 실은 아들이 둘 있는데 입양한 거예요"라는 말로 나 자신에게 훌륭한 사람이라는 면죄부를 주고 있었습니다. 그러나 여직원에게 '훌륭한 사람'이라는 말을 들은 그날 나의 본질은 우습기 그지없었습니다. 입양의 정체성도 제대로 정립하지 못한 채 그저 아이를 입양해 키우겠다는 행위에만 집중하고 있었던 것입니다.

입양된 아이가 겪어야 할 세상의 시선, 입양한 아이를 키우는 엄마가 갖춰야 할 마음가짐과 소양에 대해 무지한 나 자신을 깨달았습니다. 더구나 공개 입양을 하겠다고 결심했으면서 아이가 자신의 현실을 어떻게 받아들일지조차 깊이 고민해 보지 않았습니다. 그렇게 생각이 제대로 여물지 않았으니 사람들의 반응에 위축되고 당당히 맞서지 못한 게 아닐까요? 그날 자기방어에 급급한 나 자신의 모습을 보면서 두 가지 사실을 알게 되었습니다.

준비되지 않은 나 자신과 그런 나를 믿고 살아갈 내 딸이 맞닥뜨리게 될 세상의 편견, 세상의 벽이 얼마나 견고한지 알아 버렸습니다. 입양한 내 아기가 그런 편견을 이겨 낼 수 있도록 지지해 주려면 어떤 엄마가 되어야 할지 고민해야 한다는 사실도 깨달았습니다.

당신의 아기가 나를 만나기 위해 준비할 무렵, 나 역시 그렇게 엄마가 될 준비를 하며 스스로를 단련하고 성장시켜 나가고 있었습니다.

첫 선물

인터넷으로 주문한 아기 침대가 배달되었습니다. 가족 모두 침대를 사용하니 아기도 침대가 있는 게 좋겠다고 생각했습니다. 무엇보다도 먼지가 가라앉을 바닥에 아기를 눕히는 것이 싫었습니다. 같은 날 도착한 모빌을 보니 가슴이 설레었습니다. '어디에 두면 좋을까?' 온 가족이 둘러앉아 가족회의를 했습니다.

"이쪽에는 방문이 있어서 안 돼."

"저쪽은 창문 아래잖아. 바람이 들어와서 아기가 감기에 걸릴 거야."

작은 아기 침대를 두고 마치 아기의 둥지를 만들어 주듯 진지하게 토론했습니다. 열띤 논의 끝에 일직선 벽에 침대를 붙여 두기로 결정했습니다. 남편은 모빌을 천장에 달고 이리저리 눌러 보며 혹여 떨어질세라 다시 한번 나사를 조여 마무리했습니다.

침대를 배치하고 나니 이불이 눈에 밟혔습니다. 두 아들의 이불을 직접 만들어 주었기 때문에 딸의 이불도 내 손으로 만들어 주고 싶었습니다. 하지만 밤늦게까지 수업을 하는 일상이 벅차 선뜻 이불을 만들 엄두가 나지 않았습니다. 아이가 자란 뒤 스스로 '차별했다'는 생각을 하게 될 것 같아 과감히 행동으로 옮겼습니다.

장롱에서 상준이 이불을 꺼내 뜯어내기 시작했습니다. 목화솜을 넣어 만든 이불은 그동안 사용하지 않고 이불장에 넣어 둔 탓에 새것처럼 깨끗했습니다. 초등학생이 덮어도 될 만큼 큰 이불을 보면서 아기가 덮으면 푹 파묻히겠구나 싶어 웃음이 났습니다.

겉껍질을 쭉 뜯어 이불속 목화솜을 끄집어냈습니다. 금세 집 안이 뜯어 놓은 실밥과 천 조각으로 어수선해졌습니다. 꼼지락꼼지락 바느질하는 걸 좋아해서 그동안 내 보물 창고에 모아 둔 천이란 천은 모두 끄집어냈습니다.

당신의 딸이 덮을 이불을 만들기 위해 모아 둔 천 가운데 여자아기에게 맞는 색깔을 찾으며 신이 났습니다.
'무슨 색깔이 예쁠까? 어떤 패턴이 잘 어울릴까?' 분홍색 체크무늬 천 위에 빨간색 체크 천을 대고 그 중간에 레이스를 넣어 박음질했습니다. 드르륵 박음질을 시작하자 천 조각이 서로 근사하게 어울리면서 깜찍한 이불보가 완성되었습니다. 상준이 이불에서 꺼낸 이불속을 잘게 잘라 넣고 다시 박음질하다 재봉틀 바늘이 두 번이나 부러졌습니다. 내 부실한 솜씨 덕에 옆에서 신기한 듯 보고 있던 건희가 깜짝 놀라 벌렁 넘어지기도 했습니다. 아기 이불을 만드는 것을 바라보던 건희는 자꾸 떼를 썼습니다.
"엄마! 내 것도 만들어 줘!"
"네 건 저기 있잖아."
토끼 그림이 들어간, 하늘색과 흰색이 어우러진 이불. 참 예쁜 이불인데도 건희는 눈앞의 빨간색, 분홍색 이불에 넋이 나가 자기 것은 성에 차지 않나 봅니다.
"나중에 아기 오면 엄마가 건희랑 아기랑 같이 덮을 이불 만들어 줄게. 우리 건희, 이제 오빠 되니까 좋지?"
건희는 아무런 반응도 보이지 않았습니다. 동생이 곧 우리 집에 온다는 것이나 오빠가 된다는 사실이 별 의미가 없는 듯 보였습니다. 아직 가족 관계를 이해할 나이가 아닌 탓도 있겠지만, 고작 여섯 살 아이에게 이제 막내가 아닌 둘째가 될 거라는 사실을 가르쳐 줘야 한다는 것이 조금 미안하기도 했습니다. 그래도 건희는 한나절 동안 이불을 만드는 엄마를 보며 며칠 전에 만난 엄마를 닮은 아기가 곧 우리 가족이 될 거라는 사실을 실감하는 것 같았습니다.

이따금 아기의 내복을 펴 보거나 젖병을 들여다보는 건희. 아기 침대 위에 매달아 놓은 모빌의 단추를 눌러 음악을 들으면서 건희도 차츰 오빠가 될 준비를 해 나가고 있었습니다.

평소 남편은 내가 밤늦게까지 바느질하는 걸 좋아하지 않았습니다. 한창 바느질에 빠져 있을 때 밤을 꼬박 새워 쿠션 12개를 만든 날, 불같이 화를 냈습니다. 아이들 키우며 공부방 하느라 힘들어하면서 몸 상하게 밤새워 바느질까지 한다며 그 시간에 잠이나 자라고 했습니다. 하지만 그날 밤 아기 침대 위에 둔 이불을 본 그의 반응은 완전히 달랐습니다.

"만들었나? 예쁘네. 얼라 덮으면 예쁘겠네."

고이 개켜 둔 이불을 들어 요리조리 보면서 웃음을 참지 못했습니다. 아직 딸아이 얼굴을 보지 못한 남편도 설레는 마음을 감추지 못했습니다. 휴대폰 카메라로 찍어 보낸 아기 사진을 친구들에게 보여 주며 자랑했다고 했습니다. 무뚝뚝한 경상도 남자에게도 당신의 딸을 기다리는 시간은 가슴 떨리는 행복의 시작이었습니다.

나의 엄마

누구에게나 '엄마'는 가슴 절절하고 아픈 이름입니다. 내 인생에 가장 큰 영향을 준 사람도 당연히 엄마입니다. 유년의 기억을 더듬어 보면 엄마가 소리 내어 울던 그날이 떠오릅니다. 엄마는 그날 아빠와 대판 싸운 뒤 짐을 싸고 방에 주저앉아 울고 있었습니다. 밤새 그렇게 울던 엄마는 다음 날 아침 부엌에서 밥을 지었습니다.
"엄마, 어디 가지 마."
"정애야, 공부 열심히 해라. 내가 너희 셋 두고 어디 갈라 해도 배운 게 없어서 식당 설거지밖에 할 게 없데이. 여자라 공부 안 하고 무식하면 내 맨치로 이레 살아야 된데이. 그니까 니는 공부해라. 공부해서 정말로 필요할 때 니 힘으로 살 수 있도록. 알겠제?"
엄마는 뒤도 돌아보지 않고 식사를 준비하며 그렇게 말했습니다. 아이처럼 울먹이며 말하는 엄마 때문에 가슴이 아파 나도 같이 울었습니다.
엄마는 평생 노동과 가사, 돈으로부터 자유로운 날이 단 하루도 없었습니다. 초등학교 3학년 때쯤이었던 것 같습니다. 학교에서 돌아오는 길에 보니 저 멀리 집 앞에 리어카가 있고, 길에 뭔가 떨어져 있는 것 같았습니다.
'저게 뭐지?'
신발주머니를 흔들며 달려간 순간 숨이 탁 막혔습니다. 뙤약볕 아래, 뜨거운 흙바닥에 엄마가 쓰러져 있었습니다. 얼마나 오랫동안 쓰러져 있었던 걸까? 그때 엄마가 죽었다고 생각했습니다. 누구를 불렀는지, 어떻게 엄마를 옮겼는지 지금은 아무것도 생각나지 않을 만큼 큰 충격을 받았습니다. 엄마가 그대로 깨어나지 않을까 봐 무서워 벌벌 떨며 울던 내 모습만 아련하게 떠오를 뿐입니다.
그날 이후 엄마는 더 이상 내가 알던 원더우먼이 아니었습니다. 양계장

세 동을 혼자 돌보고 그것으로 모자라 돼지우리까지 지어 어떻게든 돈을 모으려고 한 엄마. 그런 엄마에게 나는 달걀을 거둬오라고 하면 싫다며 화를 내던 철부지였습니다. 시집와 지금까지 한순간도 손에서 일을 놓지 않은 엄마는 내 마음속 영원한 원더우먼입니다.

어릴 때부터 엄마는 나에게 '제 몫을 하는 사람'이 되라고 했지 '여자'가 되라고 하지는 않았습니다. 여자니까 이 정도만 해도 된다는 것은 용납하지 않았습니다. 오히려 여자이기 때문에 더 열심히 해서 실력을 쌓으라고 했고, 더 강해져서 성공해야 힘이 생긴다고 했습니다. 정작 당신은 여자로 길러져 여자로 살아왔기에 아직도 자신의 삶을 찾지 못해 '삶의 맛'이 없다고 하시는 엄마.

"정애야, 니는 다를 끼다. 니는 해낼 끼야. 엄마는 믿는데이."

엄마의 격려는 세상 누구의 말보다 내게 큰 힘을 줍니다. 엄마가 있다는 것만으로도 내겐 축복이지만, 나보다 강하고 쿨한 엄마가 있다는 사실은 로또에 당첨된 것보다도 큰 행운입니다. 세상의 모든 엄마는 그 이름만으로도 아름답게 빛나는 존재입니다.

아기를 만나러 가던 날, 택시 안에서 엄마에게 전화를 했습니다.

"엄마, 아기가 태어났는데 나랑 많이 닮아서 다른 집에는 못 보내겠대."

"그래? 아이고, 그 애가 니 딸인갑다. 니 인연인가 봐. 얼라 보고 싶데이. 가서 잘 보고 전화해라. 알겠제?"

아이를 입양하겠다는 우리 부부의 결정에 내 손을 꼭 잡으며 "아이고, 우리 딸 장하다. 다른 사람은 몰라도 니는 정말 잘 키울 끼다. 장하다, 우리 딸"이라고 격려해 주신 엄마. 나를 꼭 닮은 딸을 만나러 간 그날, 엄마도 나와 함께 가슴을 졸이며 기뻐하셨습니다.

아버지

'세상에서 가장 못생긴 남자.'
엄마가 아버지를 두고 하신 말씀입니다. 우리 아버지는 정말 못생겼습니다. 예비 신랑이 사주단자를 들고 왔을 때, 문풍지에 구멍을 뚫어 몰래 얼굴을 훔쳐본 엄마는 아버지 얼굴에 실망해 하루를 꼬박 울었다고 합니다. 언니는 소문난 미인인 엄마를 쏙 빼닮았고, 나는 아버지와 판박이입니다. 남편이 "장모님, 한 공장 제품인데 자매가 우째 이레 다릅니꺼?"라고 말했을 정도입니다.

못생긴 나의 아버지는 K2 비행장의 팬텀기 기술자였습니다. 어릴 적 살던 비행장 뒷동네의 소박한 집은 내 기억에 소품이 가득한 공장처럼 복작거리고 아름다운 곳이었습니다. 그 행복한 시간을 뒤로한 채 아버지는 기술자를 그만두고 사업을 시작하셨습니다. 그리고 사업을 하는 족족 실패를 경험하셨습니다. 엄마에게는 세상에서 가장 나쁜 사람이겠지만 나에게는 세상에 둘도 없는 최고 아버지였습니다.

초등학교 4학년 때 푸세식 화장실에 빠진 적이 있습니다. 변기에 팔만 걸친 채 아버지를 애타게 불렀습니다. 한달음에 달려와 나를 꺼내고는 냄새나는 똥을 다 씻기고 독한 기운을 빼야 한다며 약을 발라 주고 안아 주신 아버지. 그런 아버지를 생각하면 가슴 한편이 아려 옵니다. 10여 년 전 뇌졸중으로 쓰러져 한쪽 시력을 거의 잃은 아버지. 칼 같은 성품에 늘 부지런하던 아버지가 나를 보며 히죽히죽 웃는 모습이 파편처럼 가슴에 박혀 죄송하고 안쓰럽습니다. 예순을 넘기지 못할 거라던 의사의 말과 달리 큰 병을 여러 차례 앓았지만 지금은 입양한 손녀를 자전거에 태우고 온 동네를 누비고 다니는 라이더가 되셨습니다.

아버지는 내게 큰 깨달음을 주실 때가 많았습니다. 대학 내내 한 번도 장학금을 놓치지 않았던 나는 돈을 더 벌어야 한다는 생각에 스타킹 공장에서 아르바이트를 했습니다. 공장에 직원은 대부분 아주머니들이었는데 신참인 나는 대학생, 그것도 경북대학교 학생이라는 이유만으로 인사를 톡톡히 받았습니다.

내가 맡은 일은 완성한 스타킹을 검수하는 것이었습니다. 탁자에 앉아 다리처럼 생긴 막대에 스타킹을 뒤집어씌우고 앞뒤로 훑어본 뒤 흠이나 구멍 난 곳이 없는지 체크했습니다. 첫날 열심히 일해 7백50개의 스타킹을 검수했습니다. 다른 아주머니들의 실적은 6백 개 정도. 기록적인 수치에 으쓱해져서 집에 돌아와 아버지께 자랑을 늘어놓았습니다.

"아부지, 내가 오늘 스타킹 검수를 했는데요, 거기서 일등 했어요. 20년 동안 일한 아줌마들보다 내가 더 많이 했어요. 잘했지요?"

당연히 칭찬을 들을 줄 알고 한껏 들떠서 말했는데 아버지는 화난 얼굴로 나를 바라봤습니다.

"정애야, 그 사람들이 너처럼 못해서 6백 개만 한다고 생각하나? 니가 첫날 7백50개를 하면 그분들은 사장한테 무신 소리를 듣겠노? 내일부터는 아주머니들 일하는 것 보고 맞춰서 해라. 니는 한 달 하고 그만둘 사람이지만 그 아주머니들은 평생 일할 사람들이데이. 사람 위에 사람 없고, 사람 밑에 사람 없데이. 니가 좀 더 했다고 잘난 척하지 말고, 다른 사람들은 왜 저렇게 하는지도 생각해 보며 일해라. 사람은 혼자 사는 게 아니다. 살면서 남들이 뭘 생각하는지 염두에 둬라. 알겠제?"

아버지 말씀이 백번 옳았습니다. 나 때문에 그날 공장장한테 아주머니들은 핀잔을 들었습니다. 그다음 날부터 나는 아줌마들 속도에 맞춰 일하려고 애썼고 틈틈이 대화를 나누며 다른 사람들의 이야기, 어른들의 생각을 들었습니다. 한 달 뒤, 아주머니들은 삼겹살 송별회를 열어 주셨습니다.

공장에서 돈 주고도 살 수 없는 교훈을 얻었습니다. 아버지 말씀처럼 '남을 배려하는 것'이 얼마나 중요한지 알게 됐습니다. 타인과 함께하지 않는다면 나의 잘남도 아무 소용이 없다는 것을 배웠습니다. 그리고 힘들게 생활하면서도 늘 밝고 긍정적인 공장 식구들을 보며 나 자신을 돌아보고 마음가짐을 바로잡을 수 있었습니다.

염색체 이상

나는 장애인입니다. 결혼한 후 아이를 연달아 세 번이나 유산한 뒤 내가 정상이 아니라는 사실을 알게 되었습니다.

첫아이를 임신했을 때 초음파로 본 강낭콩 같은 아기의 모습과 콩닥콩닥 뛰는 심장 소리에 감동해 어찌할 바를 몰랐습니다. 입덧이 심했음에도 마냥 행복했습니다. 임신 6주째, 의사가 초음파를 보면서 고개를 갸우뚱하자 불안한 생각이 들었습니다.

"아기가 좀 작네요. 이런 경우 유산할 위험이 있으니 조심하세요."

'설마 나한테 그런 일이 일어나겠어?'라는 건방진 생각이 들었고, 의사의 말을 귀담아듣지 않았습니다. 그런 불행은 나를 비껴갈 거라고, 나에겐 절대 아무 일도 일어나지 않을 거라고 확신했으니까요. 하지만 다음 주에 하혈을 했고 급히 병원을 찾았습니다. 의사가 보여 준 초음파 사진 속에는 강낭콩도, 콩닥거림도 없었습니다. 아기는 이미 죽어 있었습니다.

아기가 죽었다!

어떤 생각도 떠오르지 않았습니다. 택시를 타고 집으로 돌아오는 내내 가슴이 무너지는 고통을 느끼며 눈물을 흘렸습니다. 친정엄마는 그럴 수도 있다며 나를 위로했지만, 연거푸 세 번이나 유산을 겪으면서 결국 남편과 함께 불임 클리닉을 찾았습니다. 간단한 피검사를 한 후 청천벽력 같은 이야기를 들었습니다.

"이정애 씨는 염색체 이상입니다. 1번 염색체와 13번 염색체가 각각 뒤집혀 있어요. 이런 경우를 염색체 전좌라고 하는데, 남편 분 염색체와 감수분열을 할 때 정상 염색체를 만나면 이상이 없는데 전위된 염색체가 감수분열을 해 수정되면 유전적 결함으로 7주 안에 자연 도태됩니다. 어찌 보면 문제가 있는 아기니까 아예 하느님이 태어나지 못하게 하는 거죠. 정상아가 태어날 확률은 17만분의 1입니다. 거의 희박한 확률이라고 할 수 있죠."

그제야 내가 아기를 낳지 못하는 몸이라는 것을 알게 되었습니다. 겉으로는 멀쩡해 보이지만 몸의 염색체에 문제가 있는 장애인이었습니다. 매사에 긍정적인 나는 그런 상황에서도 희망의 끈을 놓고 싶지 않았습니다. 염색체 변이로 일어날 수 있는 선천성 기형은 많습니다. 다운증후군, 터너증후군, 클라인펠터증후군……. 그런 수많은 경우의 수 중에 단지 염색체 두 개가 뒤집혀 있을 뿐이고, 아기를 못 낳는 것 외에는 일상생활에 전혀 지장이 없으니 고마운 일이라고 생각했습니다. 내 어머니 세대에 지금처럼 임신 중 유전자 검사가 일반화되었다면 나는 조기에 염색체 이상이 발견되어 인공유산될 수도 있었을 텐데……. 다시 생각해 보면 나는 태어나지 못했을 수도 있습니다. 그런 내가 멀쩡히 세상에 태어나 지금껏 별 탈 없이 살아왔다는 사실에 다시 한번 무언가에 머리를 부딪친 것 같은 충격을 느꼈습니다.

형편이 안 돼 서울에 보내 줄 수 없다는 엄마의 말에 두말없이 경북대학교에 지원했습니다. 사회복지학과에 입학을 하게 되었지만 사회복지사로서의 비전은 없었습니다. 하지만 자연스럽게 우리 사회에서 소외된 채 살아가는 많은 사람을 만날 수 있었고, 그런 경험을 통해 그들의 삶을 가슴으로 이해할 수 있었습니다. 결국 대학 시절과 사회복지사 초년 시절에 만난 장애인, 독거노인과 내가 다르지 않다는 것을 알게 되었습니다. 나도 그들과 같은 장애인 중 한 명이라는 사실, 그것이 내가 받아들여야 하는 현실이었습니다.

세상에 나만 비껴가는 불행은 없습니다. 나도 그렇게 될 수 있고, 나도 그런 모습으로 살아갈 수 있다는 사실을 깨달았습니다. 하지만 그렇더라도 '희망'이라는 글자를 절대 놓치지 않겠다고 결심했습니다. 힘들 때마다 '땅에서 넘어진 자 땅을 짚고 일어나라'라는 말을 되새겼습니다.

바닥을 모르는 사람은 그 바닥을 두려워합니다. 혹시라도 그곳에 닿게 될까 봐 아등바등 힘겨운 삶을 살아갑니다. 하지만 실제로 바닥에 떨어져 보니 신기하게도 희망이 보였습니다. 눈앞에 보이는 그 희망의 끈을 잡았습니다.

> 그래, 이제 더 내려갈 곳도 없네. 그럼 이제 올라갈 일만 남았잖아.
> 힘내라, 정애야.

그렇게 늘 바닥을 짚고 일어났습니다. '유전적 장애'라는 이름은 내게 아무런 의미도 없었습니다. 열 번 유산을 겪었지만 건강한 아들을 둘이나 낳았습니다.

결혼 전부터 막연히 '입양을 해야지'라고 생각했습니다. 의사도 1만분의 1 확률을 좇아 너무 애쓰지 말라고 조언했지만 오랜 시간 노력한 끝에 출산을 할 수 있었습니다. 내 노력의 결과라기보다 그런 나를 불쌍히 여긴 초자연적 존재가 내게 준 선물이라는 생각이 들었습니다. 뜻밖의 선물을 받고도 당연하게 여기고 고마워할 줄 모른다면 정말 나쁜 사람이겠지요. 둘째 아들을 출산한 다음 날, 나는 수술한 배를 움켜쥐고 침대에 누워 셋째는 꼭 입양을 해야겠다고 다짐했습니다. 둘째가 여섯 살이 되었을 때 마침내 아이를 입양하게 된 것입니다.

인연

새로운 시작

아기를 입양할 무렵 나는 절망의 늪에 빠져 있었습니다. 내 삶이 어디를 향하고 있는지, 내가 무엇을 할 수 있는지, 삶의 의미도 모른 채 그저 현실에 떠밀려 살아가고 있었습니다. 생활고에 시달리다 시작한 선생으로서의 삶은 성공적이라고 할 수 있었습니다. 집에서 아이들에게 영어를 가르치기 시작했는데, 어느 날 영어를 전공하지 않고 선생으로 살아가는 것이 미안했습니다. 2004년 사이버 한국외국어대학교에서는 첫 신입생을 모집하고 있었습니다. 인연이었을까요? 원서 마감 두 시간 전에 우연히 인터넷 광고를 보고 급하게 학업 계획서를 써서 입학을 지원했습니다. 입학한 후 영어학부에서 테솔TESOL을 전공했습니다. 목표는 오직 한 가지뿐이었습니다. 정식으로 공부해 제대로 된 영어 선생이 되고 싶었습니다. 사이버상으로 공부하다 보니 자연스레 여러 분야에 종사하는 다양한 연령층의 사람과 교류할 수 있었습니다.

햇살 좋은 5월 후배 몇 명과 함께 학교를 찾아가 교수님께 인사를 드렸습니다. 진로에 대한 담소가 오갔습니다.

"이정애 학우는 어느 대학원에 가고 싶으신가요?"

"한국외국어대학교 교육대학원에요."

교수님은 손사래를 치며 대답했습니다.

"교육대학원은 힘들 텐데……. 사이버 대학을 졸업한 학생이 교육대학원에 들어가긴 힘들어요. 외대 사대 출신도 줄줄이 떨어지는 상황이니. 꼭 외대 교육대학원에 가고 싶으면 다시 오프 대학에 편입하세요."

한국외국어대학교 교육대학원 영어교육과 경쟁률이 높다는 것은 진작 알고 있었습니다. 사대 졸업생은 물론 현직 교사도 줄줄이 떨어질 정도로 입학하기 어렵다는 얘기도 들었습니다. 그러나 단지 사이버 대학에 다니기 때문에 입학하기 힘들 거라는 생각은 납득하기 힘들었습니다. 대구로 돌아가는 기차 안에서 처음으로 서울에 있는 대학에 들어가지 않고 지방 국립대학을 선택한 것을 후회했습니다.

세상은 참 불합리한 관념으로 가득 차 있습니다. '차이'는 곧 '차별'의 근거가 됩니다. 대학에 직접 다니지 않고 인터넷으로 공부하는 차이가 대학원에 입학할 때는 차별의 근거가 될 수 있다는 말에 통탄을 금할 수 없었습니다.

'그래, 해보자. 내가 해보는 거야. 사이버 대학 졸업생도 열성적으로 공부한다는 것을 보여 주자.'

남편의 표현을 빌리면, 나는 정말 무섭게 공부했습니다. 합격자 발표 전날 밤, 혹시나 싶어 홈페이지에 접속했습니다. 덜덜 떨리는 손으로 '합격자 조회'를 클릭한 뒤 수험번호를 입력했습니다. 차마 클릭하지 못하고 한참을 멍하니 앉아 있었습니다. 떨어지면 끝이라는 생각이 들었습니다. 이제껏 밤을 새우며 공부한 시간, 노력은 어떻게 되는 걸까? 10여 분을 화면만 바라보다 마침내 클릭했습니다. 화면이 바뀔 때 눈을 질끈 감았다 실눈을 떴습니다.

선명한 초록색 두 글자는 분명 '합격'이었습니다. 그 두 글자가 그동안 힘들게 공부한 시간에 대한 보상이라도 되는 듯 초록색 별이 내 가슴에 박혔습니다. 사이버 대학 출신, 그리고 지방대학 출신이라 불가능할 거라고 했지만 결과는 합격이었습니다. 서른일곱 살, 세 아이의 엄마인 나에게 새로운 세상이 열렸습니다.

대구에서 서울로 일주일에 두 번씩 기차를 타고 가서 수업을 듣습니다. 일주일에 이틀, 기차를 타고 집에 돌아오면 새벽 1시 30분입니다. 사람들은 왜 그런 고생을 사서 하며 굳이 대학원에 다니느냐고 묻습니다. 무엇보다도 내 잠재력을 영어 때문에 힘들어하는 아이들을 위해 쓰고 싶어서입니다. 아이들에게 좀 더 쉽게 영어를 공부할 수 있는 방법을 찾아 주고 싶었습니다.

하지만 그 누구에게도 말하지 않은 한 가지 이유가 더 있습니다. 바로 나의 사랑하는 딸에게 당당한 엄마가 되고 싶어서입니다. 현실에 쫓겨 절망의 늪에서 아무런 목표도 없이 허우적거리고 있을 때 당신의 딸이 나에게 빛을 던져 주었습니다. 하루하루 눈뜨고 일하고 밥 먹고 다시 잠자는 무의미한 일상을 살아갈 때 스스로 포기하지 않도록 독려해 준 나의 딸. 딸에게 진 빚을 갚아야 할 의무가 있습니다. 당신의 딸은, 아니 내 딸은 나에게 살아갈 이유를 준 아이입니다. 삶의 의미도, 이유도 찾지 못한 채 힘들어하며 방황하는 내게 '엄마'라고 부르며 달려와 안긴 그 아이!

그런 딸을 위해 당당한 엄마, 세상에서 가장 멋진 엄마가 되어야 하기 때문입니다. 그 아이는 내게 빛이고 희망입니다.

당신을 떠나 내게로

10월 25일 오전 9시, 우리 가족은 집을 나섰습니다. 보름이 걸릴 거라고 예상한 여행이 당겨졌기 때문입니다. 아기를 만난 지 11일 만에 아기를 데리러 오라는 연락을 받았습니다. 아직 선선한 가을 날씨였지만 집을 나서기 전에 보일러를 켰습니다. 포대기와 아기 옷, 기저귀를 챙겨 사회복지회 사무실로 향했습니다.

"엄마, 아기 데리러 가요?"

"우리 아기 맞아요?"

"내가 안아 봐도 돼요?"

철없는 건희는 연신 조잘거리며 질문을 쏟아 냈습니다. 상준이는 아기를 데려온다는 것이 무슨 의미인지 아는 듯 까불거리는 동생을 타박하며 점잖게 앉아 있었습니다. 계단을 오르면서 콩닥콩닥 가슴이 뛰었습니다. 열흘 동안 얼마나 보고 싶었는지, 얼마나 가슴 졸이며 걱정했는지 모릅니다. 그저 안쓰럽고 염려스러울 뿐이었습니다.

문을 열고 들어서자 탁자 위에 누운 아기가 보였습니다. 자원봉사자가 기저귀를 갈아 주고 있었습니다. 우리 가족은 약속이라도 한 듯 살금살금 걸어가 아기 주위를 둘러쌌습니다. 남편은 주먹만 한 아기 얼굴에 새끼손가락을 대어 볼을 만지며 웃음을 참지 못했습니다. 건희는 아기 응가 냄새를 맡고는 "으악! 똥 폭탄이야"라며 코를 싸쥐었습니다. 연신 까불거리는 건희와 달리 상준이는 그저 환하게 웃으며 아기를 바라봤습니다. "많이 컸네" 대견스럽게 웃었습니다. 기저귀를 갈아 주고 옷을 입힌 뒤 자원봉사자 아주머니는 아기를 꼭 안았습니다. "아가, 잘 살아"라고 마지막 인사를 건넨 뒤 내 품에 아기를 안겨 주었습니다.

태어난 지 13일째, 당신을 떠난 지 13일째 되는 날 당신의 아기는 내 품에 안겼습니다.

아기가 사무치게 그리울 당신에겐 너무나 가슴 아픈 날이겠지요. 그러나 당신의 딸과 우리 가족은 새로운 '시작'을 앞둔 기쁨에 들떠 있었습니다. 아기를 왼쪽 가슴에 안아 잠시 내 심장 소리를 들려주었습니다. 열흘 남짓한 짧은 시간에 어쩌면 이렇게 달라졌을까? 그동안 너무 예뻐져서 한눈에 알아보기 힘들 정도였습니다.

작은 입술, 찐빵처럼 납작한 코, 긴 눈매, 진한 눈썹, 통통한 눈두덩……. 나를 닮았다던 소장님의 말이 무색할 정도로 당신의 딸은 예쁜 아기가 되어 내 심장 소리를 듣고 있었습니다.

아기 얼굴에 손을 대 보았습니다. 배가 고픈지 입이 자꾸 손을 따라오더군요. 남이 있든 말든 신경 쓰지 않고 아기를 오른쪽으로 바꿔 안아 서슴없이 젖을 물렸습니다. 그때 내 마음이 어땠는지 당신은 상상할 수 있을까요?

아기가 처음 젖을 빨면 젖꼭지가 불에 덴 듯 아픕니다. 손이나 유축기로 젖을 짤 때와 달리 빠는 힘이 세기 때문에 순간적으로 비명이 새어 나올 정도로 강한 통증을 느낍니다. 아기는 정말 배가 고팠는지 얼굴을 묻고 힘차게 젖을 빨았습니다. 그 순간 내 몸에서 젖이 나온다는 것을, 그 젖을 당신의 딸이 먹고 있다는 것을 실감할 수 있었습니다. 건희를 낳고 6년 만에 생젖에서 나오는 모유, 내가 미역국을 먹어 만든 모유를 말입니다. 당신의 딸이 내 젖을 먹고 있었습니다. 그때 문득 당신이 생각났습니다. 내가 아닌 당신의 젖을 먹고 있다면 얼마나 좋을까.

고맙게도 내 젖을 마다하지 않고 쭉쭉 빨아 먹는 당찬 당신의 딸을 보며 내가 열 달 동안 배 아파 낳은 두 아들에게 처음 젖을 물렸을 때로 돌아간 것 같은 감정을 느꼈습니다.

"아이고. 먹네. 잘 먹네. 배가 고팠나 보네."

남편은 신기한 듯 아기에게서 눈을 떼지 못했습니다. 자원봉사자 아주머니도, 사회복지사도 깜짝 놀라기는 마찬가지였습니다.

"아, 제가 많은 아기를 입양 보냈지만 이런 일은 처음이네요. 정말 인연이 있나 봅니다. 하늘이 주신 아기네요."

소장님도 기뻐했습니다.

아기는 배불리 젖을 먹고는 작은 입을 오물거리며 새근새근 잠들었습니다. 어쩌면 이렇게 순할까. 잠시 아기의 얼굴을 바라보고 있는데 소장님이 나를 불렀습니다. 우리 부부는 '선서'라고 쓰인 종이 한 장을 받았습니다. 엄숙한 목소리로 소장님이 낭독했습니다.

"이 아기는 이제 두 분의 자식입니다. 마지막으로 두 분은 아기와 저희 앞에서 이 글을 낭독해 주세요. 두 분이 죽을 때까지 지금 이 마음을 잊지 않고 아기를 친자식처럼 잘 키워 줄 거라고 믿습니다."

우리는 의자에 나란히 앉아 소장님 앞에서 오른손을 들고 선서했습니다.

우리는 위의 아동을 입양하여
친생자와 같이 양육하고
인권을 존중하여
천한 직업이나 기타 인권 유린의 우려가 있는 직업에
종사하지 아니하도록 할 것이며
종교의 자유를 인정하고
사회의 일원으로서 그에 상응하는 양육과 교육을 시켜
건전한 인간으로 성장하도록

부양 일체에 대한 책임을 질 것을 서약합니다.

지금 읽어 보면 당연한 내용의 선서문이지만 선서를 할 때는 마치 하느님, 부처님 앞에 앉아 있는 것처럼 떨렸습니다. 눈물을 꾹 참고 있었지만 그 순간 감정이 복받쳐 가슴이 미어지는 것 같았습니다.

우리 가족은 당신의 딸을 품에 안고 사무실을 나섰습니다. 가슴이 벅차올라 날마다 보던 풍경도 다르게 보였습니다. 우리에게도 이제 딸이 생겼기 때문입니다. 당신이 열 달 동안 소중히 기른 딸이 우리 딸이 되어 내 품에서 자고 있었습니다. 집으로 돌아오는 차 안에서 상준이는 환하게 웃었고 건희는 화를 냈습니다. 자기만 아기를 안아 보지 못하게 한다며 투덜거렸습니다. 신호가 빨간불로 바뀔 때마다 남편은 신기한 듯 아기를 바라보며 새끼손가락으로 볼을 쓰다듬었습니다. 당신의 딸을 만난 날, 우리 가족은 모두 진심으로 행복했습니다. 환한 달빛 아래 아기를 받는 꿈과 함께 내게 온, 하늘이 보내 준 요정은 그날 밤 그렇게 우리 집으로 향했습니다.

우리 가족, 박민효

"얼라 이름 지었다. 옥돌 민에 새벽 효. 민효. 박민효다."
아침 일찍 시어머니께서 전화를 하셨습니다. 시어머니의 흡족한 목소리처럼 나도 그 이름을 들었을 때 '정말 맑은 이름이다' '똑똑한 이름이다'라고 생각했습니다.
'새벽의 옥돌! 얼마나 깨끗하고 또랑또랑할까.'
남편도 마음에 쏙 든다 했고, 내가 가르치는 학생들도 이름이 예쁘다며 난리를 쳤습니다. 하지만 단 한 사람, 둘째 건희는 싫다고 했습니다.
"엄마, 미노 싫어. 미노가 뭐야!"
"미노 아니야. 민효야!"
"민효? 엄마, 미노 같잖아. 미노, 미노, 미노, 민요?"
킥킥거리며 웃음을 참지 못하는 건희. 건희의 귀에는 '민효'라는 발음이 어려워 '미노'라는 소릿값으로 들렸나 봅니다.
우리 집에 오기 전 당신의 딸은 그렇게 예쁜 이름을 갖게 되었습니다.
"박민효, 박민효, 박민효……."
그날 밤 몇 번이나 잠에서 깨어 나직이 그 이름을 불러 보았습니다.
먼동이 트는 새벽, 다시 사랑스러운 내 딸의 이름을 불러 봅니다.
"박민효……."

PART
02

PART
02

아름다운 날들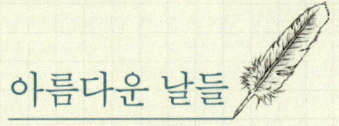

네가 없는 삶은 상상도 할 수 없어.
넌 나의 태양이고 나의 삶이야.

내 딸, 내 아기……

민효!

젖먹이기

밤잠이 없어서 늦게까지 일하는 나는 늦잠을 자는 날이 많습니다. 새벽녘 어김없이 터지는 아기의 울음소리에 눈을 뜨는 건 정말 힘든 일이었지요. 하지만 어느 순간 '절대' 못할 거라고 생각한 그 일을 하고 있는 나 자신을 발견했습니다.

"에엥!" 한번 울기만 해도 눈이 번쩍 뜨였습니다. 아기를 안고 침대로 돌아와 젖을 물리고 아기가 젖을 먹는 동안 잠을 잤습니다.

아기는 위장이 일자라 억지로 트림을 시켜 주지 않으면 자다가 먹은 젖을 모두 올려 옷과 이불을 버리게 됩니다. 또 바로 누워서 토하면 게워 올린 젖이 콧속으로 들어가 숨을 쉬지 못해 괴로워할 수도 있습니다. 그래서 아기가 젖을 먹으면 엄마들은 어깨에 몸을 기대게 한 뒤 살살 등을 쓸어 트림을 하게 해 줍니다.

민효는 트림을 한 뒤 기저귀를 갈아 주고 다시 침대에 눕히는 데 많은 시간이 걸리지 않았습니다. 하지만 새벽에 일하러 나가야 하는 남편은 잠이 부족해 힘든 나날을 보내고 있었습니다. 아기가 온 지 일주일 만에 두 손 두 발 다 들고 아예 다른 방에서 자기 시작했습니다. 평소 같았으면 서운했겠지만 베개를 들고 나가는 남편이 원망스럽지 않았습니다. 아기를 침대에 뉘고 같이 자면 된다는 생각에 오히려 들떠 있는 나를 발견했으니까요.

"상준아, 아기 울잖아. 좀 봐줘!"

"엄마, 아기 나한테 업혀 주세요."

민효가 온 뒤 초등학교 3학년인 상준이는 더 이상 어리지도, 어려 보이지도 않는 어린이가 되었습니다. 민효가 울면 갓난쟁이 동생을 업고 잠들 때까지 거실을 돌아다녔습니다. 작은 자기 체격 때문에 불편할까 봐 양손을 등 뒤로 돌려 아기의 엉덩이를 받치고 몸을 흔들며 얼러 주었습니다. 정말 고맙고 든든한 큰아들의 모습이 아닐 수 없습니다.

"엄마, 민효 안아 봐도 돼?"

"넌 아직 어려서 안 돼."

"치! 엄마는 만날 형만 안아 보라고 해."

민효에게 젖을 먹일 때마다 건희는 옆에서 몇 번이고 물었습니다.

"엄마, 민효 젖 먹인 뒤 한 번만 안아 보게 해 줘요."

"알았어."

결국 웃으며 애교 많은 건희에게 대답했습니다.

"엄마, 민효 젖 먹이는 사진 한 장 찍어요."

"왜?"

"나중에 이 사진 보면 민효가 엄마 젖 먹은 거 알잖아요."

그날 우리는 사진을 찍었습니다. 검은색 민소매 티셔츠를 입고 며칠 동안 감지 않은 머리를 질끈 동여맨 채 과감하게 사진을 찍었습니다. 내 품에 안겨 젖을 먹고 있는 민효의 모습. 상준이가 찍어 준 그 사진은 보고 또 봐도 웃음 짓게 하는 추억이 되었습니다.

첫 예방접종

예방접종을 하기 위해 민효를 안고 처음 보건소에 간 날의 설렘을 지금도 생생히 기억합니다. 첫 나들이인지라 내복 바지 두 장을 겹쳐 입히고 꽃분홍색 셔츠를 입혔습니다. 개나리색 싸개로 감싸고 분홍색 모자를 씌우니 영락없는 계집아이였습니다.

보건소 예방접종 창구는 늘 아기 울음소리로 시끌벅적합니다. 아기 한 명에 어른 두 명은 기본으로 따라오니 대기실은 늘 북적거리게 마련입니다. 잠자는 아기를 안고 들어가며 묘한 감정에 휩싸였습니다. 강보에 싸인 고만고만한 아기들은 모두 민효처럼 BCG 접종을 하러 왔을 테니, 엄마 마음에 우리 딸이 저 아기들보다 키가 컸으면 하는 생각이 아랑아랑 피어올랐나 봅니다.

'역시 우리 딸이 제일 크구나. 잘 먹인 보람이 있네.'

자못 의기양양한 표정으로 고개를 돌리다 민효를 바라보는 한 시선과 딱 마주쳤습니다. 깜짝 놀란 내가 민효를 가슴으로 당겨 끌어안자 놀랐는지 고개를 휙 돌렸습니다. '음, 뭐지?' 필리핀 출신으로 보이는 어린 엄마는 내 눈길만으로도 불안감을 느끼는지 큰 눈으로 보건소 곳곳을 훑으며 시선을 고정하지 못했습니다. 자연스럽게 그녀가 안고 있는 아기에게 시선이 갔습니다. 엄마 가슴에 착 달라붙어 자고 있었는데, 민효보다는 키가 작아 보였습니다. 어린 모녀 옆에서 자원봉사자 한 분이 통역을 해 주고 있었습니다.

집에서 공단 지역이 멀지 않아 병원이나 보건소에 갈 때면 어김없이 어린 외국인 엄마를 마주치게 됩니다. 그들을 만날 때마다 불안정한 그들의 눈빛을 느낄 수 있었습니다. 그들의 눈을 보면 한국에 시집와 사랑하는 사람과 살면서 인정받고 대접받는다는 느낌은 전혀 들지 않았습니다. 대부분 나이 든 신랑과 살면서 더 잘사는 대한민국으로 시집왔다는 이유만으로 남은 인생을 희생하며 살아가는 여인들! 보건소에서 마주친 그들은 하나같이 불안한 시선으로 주위를 두리번거릴 뿐 아니라, 아기가 무슨 병에 걸렸는지 몰라 제대로 돌보지 못한 채 병을 키우다 오는 경우가 대부분이었습니다. 내 딸 하나 키우기도 벅찬 나에게 그들의 현실이 안쓰럽게 다가왔습니다.

그날 보건소에서 한 가지 작은 결심을 했습니다. 학교도, 선생 일도 모두 놓아야 하는 시점이 되면 다문화 가정의 아이들과 외국인 엄마들의 인권에 대해 생각하고 보탬이 되는 삶을 살아야겠다고 말입니다. 우리 사회가 서로 생긴 모습이나 환경은 다를지라도 차이를 인정하고 포용하는 따뜻한 곳이 되기를 희망합니다. 그러면 내 앞에서 불안하게 시선을 옮기던 어린 엄마도, 그들의 갓난쟁이도 좀 더 행복한 삶을 우리나라에서 꾸려 나갈 수 있고 진정한 한국인으로 뿌리내릴 수 있을 테니 말입니다.

변태 엄마

민효가 태어났을 때 집에서 영어를 가르치던 내게 저녁 6시는 '전쟁'을 의미했습니다. 수업을 하다 보면 어린이집에 다녀온 민효가 '에엥' 하고 울기 시작합니다. 울음소리와 거의 동시에 건희가 다다닥 뛰어오는 소리가 들립니다.

"엄마, 민효 깼어."

여섯 살 건희는 처음 민효가 왔을 때 동생이 생겼다는 것만으로 들떠서 하루 종일 방방 뛰어다닐 정도였습니다. 하지만 민효가 조금씩 커 갈수록 엄마를 찾는 이유가 달라졌습니다.

"엄마, 민효가 내 머리 때렸어!"

"엄마, 민효가 내 과자 뺏어 먹었어!"

"엄마, 민효가 내 블록 부숴 놨어!"

귀여운 고자질쟁이가 된 건희의 부름을 받으면 냉큼 아기를 안고 수업하던 방으로 들어갔습니다.

"와, 아기가 정말 작아요!"

"우와, 머리 크기가 선생님 얼굴의 10분의 1인걸요."

아이들은 갓난쟁이를 보는 게 신기한지 공부하다 말고 한마디씩 했습니다. 그 순간 살짝 등을 돌려 왼쪽 젖을 아기에게 물린 뒤 다시 아이들을 향해 앉았습니다.

"으악!"

"쌤!"

중학생 여자애들은 얼굴이 새빨개져 소리를 질렀습니다. 남자애들은 쑥스러운지 시선을 내렸습니다. 아이들 표현을 빌리면, 공공장소에서 이렇게 가슴을 꺼내 놓고 수유를 하면 '변태 엄마'처럼 보인다고 했습니다. 내가 어릴 적엔 버스 안에서 아기가 울면 엄마가 서슴없이 젖을 물리곤

했는데, 이 녀석들이 내 가슴을 '19세 금지 젖가슴'으로 보는 이유를 도대체 이해할 수가 없었습니다.
"야, 이놈들아! 어미가 새끼한테 젖 물리는 건 당연한 거야. 선생님 젖은 젖이 아니야. 아기 우유통이야. 알겠어? 얼마나 아름다운 장면인데!"
장난기 가득한 내 말에 아이들은 까르르 웃다가 책상까지 두들겼습니다. 이런 난리통에도 민효는 고개 한번 돌리지 않고 엄마 얼굴에 구멍이 날 정도로 빤히 쳐다보며 젖을 쭉쭉 빱니다.
'아, 귀여워라.'
새벽에 깨서 우는 막내딸 덕분에 늘 잠이 부족해도 이렇게 일과 아기 키우기를 병행할 수 있는 하루하루가 행복하고 소중합니다.

개구쟁이 오빠들

워낙 허리가 약해 두 아들을 키울 때도 업어 줄 생각은 해 본 적이 없습니다. 일을 하면서 아기를 돌봐야 했기에 민효도 새벽에 깨서 보채지 않는 한 업어 주는 일이 거의 없었습니다. 하지만 저녁 수업 시간에 민효가 심하게 보채거나 울 때는 정말 당황스러웠습니다. 유모차에 태워 발로 밀거나 품에 안고 수업을 했는데, 어느 날인가 어떤 방법도 통하지 않아 난감한 상황에 처했습니다. 건희를 낳고 6년째, 처음에는 분유 타는 방법도 가물거릴 만큼 '육아'를 잊고 살아온 나이 든 엄마는 아기를 달래며 땀을 뻘뻘 흘리고 있었습니다. 그때 갑자기 방문을 열고 상준이가 들어왔습니다.

"엄마, 내가 업을게. 업혀 줘."

상준이를 물끄러미 바라봤습니다.

'네가? 우리 아들이 벌써 이렇게 컸니?'

겨우 초등학교 3학년이지만 이제 두 명의 동생을 둔 큰오빠, 형으로서 자리 잡아 가는 모습이 대견했습니다.

"업을 수 있겠니?"

"응."

민효를 상준이 등에 업히고 포대기로 단단히 싸매 주었습니다. 체격이 작은 탓에 윗단을 한 번 접어서 싸맸는데도 포대기가 상준이 무릎 아래까지 내려왔습니다. 오빠 등에 업힌 민효는 얼굴을 찰싹 붙인 채 이내 잠잠해졌습니다. 태어난 지 고작 한 달 보름 된 동생이 혹시 등에서 떨어지지 않을까 상준이는 자연스럽게 손을 민효의 엉덩이에 대고 걸어갑니다. 구름 위를 걷는 듯 살며시 몸을 흔들며 말을 겁니다.

"민효야, 저거 뭐야? 저거?"

"민효야, 크리스마스트리잖아. 반짝반짝 예쁘지?"

"민효야, 저거 누구야?"

"못생긴 건희 오빠잖아."

"우이! 왜 나보고 못생겼대. 민효야, 이거 누구야? 못생긴 상준이 오빠지?"

"우이! 이게!"

두 오빠가 한마디씩 할 때마다 입을 헤벌리고 두리번거리는 민효. 형을 놀린 건희가 도망가고, 어린 동생을 업은 채 그 뒤를 쫓는 상준이. 그리고 나무에 매달린 나뭇잎처럼 오빠 등에 업힌 민효의 자그마한 머리가 좌우로 흔들거립니다.

모두 민효 덕문입니다. 민효 덕분에 상준이는 맏이로서 자신의 위치를 일찍 깨달았고, 민효 덕분에 건희는 일찌감치 생존 방식을 터득했습니다. 그리고 나는 민효 덕분에 삶의 의미와 더불어 살아가야 할 이유를 한 가지 더 찾았습니다. 깔깔거리며 달려가는 세 아이가 있어서 엄마로 살아가는 오늘이 행복합니다.

강한 딸

아들을 여럿 키우면 엄마가 남자가 되고, 심하면 조폭이 된다는 말이 있습니다. 나는 꼼지락거리며 바느질하는 걸 좋아해 옷과 이불을 만들거나 집을 꾸미는 걸 즐깁니다. 덩치 큰 외모와 어울리지 않게 여성스러운 면이 많습니다. 반면 권투를 좋아하는 남성적 성향도 있는데, 두 아들을 키우면서 터프한 엄마가 되었다는 걸 인정합니다.

둘째를 낳고 신생아인 건희를 목욕시키는 걸 보고 친정엄마가 기겁을 하신 적이 있습니다. 남들은 아기가 혹시 감기라도 걸릴까 봐 안방에 따뜻한 물을 떠와 난로까지 켜 놓고 목욕을 시키는데 나는 그렇게 하지 않았기 때문입니다. 따뜻한 방바닥에 큰 수건 한 장 펴 놓고 이불 아래 아기 옷을 미리 넣어 두었습니다. 욕실 세면기에는 따뜻한 물을 받아 두었지요. 윗옷을 입힌 채 아기를 안고 엉덩이부터 씻겼습니다.

상준이 때 아기 욕조를 비싸게 주고 샀는데 크기만 컸지 2천 원짜리 플라스틱 세숫대야보다 효과가 없다는 걸 경험해서 건희 때는 아예 준비도 하지 않았습니다. 어른들 말씀이 아기는 하루는 하체부터, 하루는 머리부터 번갈아 가며 씻겨야 한다고 해서 그 방법만 고수했습니다. 작은 세면대에서 노련하게 아기를 씻기는 선수가 되었습니다.

그뿐이 아닙니다. 어느 날 초등학교 1학년인 상준이와 네 살배기 건희가 손잡고 걸어가는 모습을 본 친한 동네 아주머니가 아이들을 불렀습니다.
"아이고, 상준이랑 건희 아이가. 너희 어디 갔다 오노. 아줌마가 햄버거 사 주꾸마. 가자."
"아줌마, 저 이빨 뽑아서 아무것도 먹으면 안 돼요."
상준이가 고개를 절레절레 흔들었답니다. 그날 그 아주머니는 내게 전화를 걸어 친엄마 맞느냐고, 어떻게 어린애 둘만 치과에 보낼 수 있느냐며 황당해했습니다. 자신은 아들이 고등학생인데도 아프면 병원에 함께 간다면서 나더러 간이 크다고 했습니다.

내가 언제 죽을지 모르는 세상에서 내 아이들에게 남겨 줄 수 있는 게 과연 무엇일까요? 돈, 재산, 지식일까요? 아이들에게 남겨 줘야 할 것은 바로 '강인함'입니다. 부모가 없어도 스스로 살아 나갈 수 있는 강인함. 그런 강인함을 어릴 때부터 키워 줘야 한다는 것이 내 교육관입니다.

비 오는 날 우산을 가져다주지 않는 엄마를 원망하고 서 있기보다는 친구에게 함께 쓰고 가자고 부탁할 수 있는 아이로 키워야 한다고 생각합니다. 필요할 경우 다른 사람에게 스스로를 낮추며 도움을 청할 수 있는 용기 있는 아이로 키우고 싶습니다. 친구와 싸웠을 때 스스로 문제를 해결할 수 있도록 부턱대고 개입하기보다 아이의 역할을 남겨 주는 참을성 있는 엄마가 되어야 한다고 생각합니다. 병원에도 혼자 다닐 수 있어야 하고, 그런 경험을 통해 긴장감도 느끼고 두려움도 참을 수 있는 아이로 키우고 싶습니다.

공부를 못하면 선택할 수 있는 직업의 폭이 줄어 풍요로운 삶을 누리기 힘들고, 사회적 배려에서 제외될 수도 있습니다. 하지만 용기 없는 사람, 남을 배려할 줄 모르는 사람, 자신밖에 모르는 사람, 자신을 존중할 줄 모르는 사람, 나약한 사람은 결국 세상의 모든 것을 잃고 사는 것과 같다고 믿습니다. 강인해지라고 가르치기보다는 강해지지 않으면 안 되는 상황에 아이를 던질 줄 아는 용기 있는 엄마가 되어야 한다고 믿으며 살아왔습니다.

이런 나의 가치관에 민효가 작은 파장을 일으켰습니다. 민효를 처음 본 날부터 지금 이 순간까지 아이 이름을 떠올리는 것만으로 마음 한편이 기쁨으로 가득 차고 다른 한편은 슬픔으로 채워지는 것 같았습니다. 별 탈 없이 잘 자라는 아기를 보며 기쁘고 감사하다가도 내가 언젠가 저 아이를 지켜 주지 못하는 날이 오면 얼마나 외로울까 하는 생각이 들어 눈물이 쏟아지니 말입니다. 민효에게도 두 아들과 같은 교육관을 고수해야 할지, 아니면 보호하고 감싸 주어야 할지 고민이 되었습니다. 강해지지 않으면 견디지 못할 만큼 아픈 날이 올 수 있다는 걸 생각하면 가슴이 미어집니다. 하지만 그 어려움을 스스로 헤쳐 나갈 힘을 지금부터 길러 줘야 한다고 생각합니다. 더 강하게 키워 어떤 어려움에 직면해도 이겨 낼 수 있도록. 그렇게 잘 살아갈 거라고 믿으면서 말입니다.

엄마 없는 세상이 왔을 때, 민효가 내 이름을 부르며 베갯잇을 적시기보다 자신의 이름을 외치면서 강하게 살아가기를 소망합니다. 그래서 민효가 걸음마를 시작한 뒤 길을 가다 넘어지기라도 하면 이렇게 외칩니다.

"우리 민효! 일어나야지!"

민효가 일어나면 크게 박수를 치며 칭찬해 줍니다. 언제 넘어졌느냐는 듯 힘차게 달려오면 팔을 벌려 꼭 안아 줍니다. 울다가도 숨을 들이마시며 울음을 뚝 그치는 아이, 아픈 것도 잊고 환하게 웃습니다.

이제 민효는 넘어져도 벌떡 일어나 먼지를 툴툴 털고 가던 길을 뛰어갑니다. 나는 그런 민효의 뒤에서 조용히 따라갑니다. 넘어져 봐야 넘어지면 아프다는 걸 알 수 있고, 그래야 뛰는 것이 위험하다는 것을 알게 될 테니 말입니다. 엄마인 내 몫은 넘어진 민효가 일어났을 때 한결같이 뒤에서 지켜보고 있다는 것을 알려 주고 안심시키는 것입니다. 이것이 내 딸을 강하게 키우는 첫 단추입니다. 언제까지 민효의 옷 단추를 채워 줄 수 있을지 모르지만 내 딸은 분명 인생의 첫 단추를 씩씩하게 채우고 있습니다.

동생으로 받아들이기

어린이집에서 돌아온 건희가 신발을 벗어 던지며 뛰어 들어왔습니다.
"엄마, 우리도 강아지 길러요!"
"강아지가 얼마나 손이 많이 가는데. 엄마는 지금도 할 일이 너무 많아."
"그럼 민효 다시 데려다 주고 강아지로 바꿔와요."
쿵! 둔탁한 무언가로 머리를 한 대 맞은 것 같았습니다. 건희에게 민효는 어떤 존재인 걸까요? 강아지처럼 어디 가서 데려온 아기, 동생이 아니라 언제든 싫증 나거나 싫어지면 보내 버릴 수 있는 아이인 걸까요? 처음으로 두 아들에게 민효가 어떤 존재일지 생각해 보게 되었습니다.
흔히 입양을 결정할 때 가장 망설이는 이유가 내가 낳은 아이가 어떻게 받아들일지 몰라 고민하기 때문이라고 합니다. 그 문제를 생각하지 않은 것은 아니지만 두 아이가 함께 극복할 수 있을 것이라고 확신했습니다. 아기를 보러 가는 날에도 두 아들과 함께 가서 머릿속에 민효에 대한 감정선을 스스로 만들 수 있도록 해 주었습니다. 아이들이 여동생을 안아주고 기저귀를 가져다주는 등 제몫에 맞게 도우면서 동생으로 받아들일 수 있는 환경을 만들어 주려고 애썼습니다.
입양한 동생을 어떻게 하면 친동생으로 받아들일 수 있을까? 앞으로 내가 짊어져야 할 숙제 같은 것이겠지요. 큰아들 상준이는 처음 겪는 사춘기를 활활 불태우고 있습니다. 큰아이의 사춘기를 엄마로서 함께 겪으며 많은 생각을 하게 되었습니다. 앞으로 또 다른 색깔로 다가올 건희와 민효의 사춘기를 생각하면 가슴이 막막해지기도 합니다. 하지만 늘 함께하고 서로 아끼며 사랑한다면 살아가면서 필연적으로 맞게 될 방황의 절정도 아름다운 과정으로 받아들일 수 있을 거라고 믿습니다. 물론 솔직히 고백하면, 민효가 입양된 아이라는 사실 때문에 사춘기의 방황이 더 깊어지지 않기를 바랍니다. 그런 내 딸을 보면 가슴이 아파 어찌할 바를 모를 테니 말입니다.

"건희야."

"왜요, 엄마? 민효랑 강아지랑 바꿔오게요?"

"아니. 민효 말고 건희랑 강아지랑 바꿔올까?"

"싫어요!"

"왜 싫어?"

"에이, 난 엄마랑 살아야지요!"

"그럼 민효는 강아지랑 바꿔온다고 어디로 보내 버리면 기분이 어떻겠니? 민효가 누구야? 우리 건희한테 하나밖에 없는 동생인데?"

"엄마."

"왜?"

"민효 보내지 마세요. 생각해 보니까 민효가 강아지보다 예뻐요."

"그래, 맞아. 민효가 누구니?"

"에이, 엄마는 그것도 모르세요? 내 동생이잖아요."

그날 처음으로 건희에게 동생이 아껴 줘야 하는 소중한 가족이라는 걸 가르쳐 줬습니다. 어린 건희가 내 말뜻을 잘 알아들었을지 확신할 수는 없습니다. 하지만 이런 날은 수시로 찾아오겠지요. 이런 과정을 통해 나와 아이들이 조금씩 성장해 간다는 것에는 의심의 여지가 없습니다.

처음에는 나의 사랑과 에너지를 민효에게 일방적으로 나눠 준다고 생각했습니다. 하지만 세상은 참 공평합니다. 이제는 민효가 자신의 빛과 에너지를 내게 보내 주고 있는 것 같아서입니다. '민효가 없다면?'이라는 가정만으로도 가슴이 저릴 만큼 민효는 지금 내게 소중한 딸입니다.

리얼리티

나는 영어 선생입니다. 오랜 시간 동네 영어 선생으로 일한 덕에 이젠 친구들보다 제자들이 친구 그룹에 더 깊숙이 자리 잡게 되었습니다. 제자들이 내 삶에서 차지하는 비중이 얼마나 큰지 술 한잔 마시고 싶은 날 가장 먼저 떠오르는 사람이 남편, 두 번째로 떠오르는 사람이 옛 제자일 정도입니다. 군대에 다녀왔네, 남자 친구를 사귀네, 남자 친구와 헤어졌네 등 더 이상 아이가 아닌 그들의 일상을 당연하게 받아들이는 걸 보면 나도 늙어 가는 것이 분명합니다.

가끔 제자들은 내게 수많은 영어 단어 중에 가장 좋아하는 것이 무엇이냐고 묻습니다. 그럼 망설이지 않고 '리얼리티'라고 대답합니다. '현실'이라는 이 단어의 이중성을 사랑합니다. 사람들에게 현실이란 무엇일까요? 행복한 사람에게 현실은 존재하는 것만으로도 감사한 일일 테고, 불행하고 불만족스러운 사람에게는 도망치고 싶고 회피하고 싶은 대상일 것입니다.

학창 시절, 오늘 해야 할 공부를 내일로 미뤄 시험 전날 새벽까지 공부하다 깜빡 잠든 경험이 있을 겁니다. 눈을 떴는데 아침이면 하늘이 무너지는 것 같은 기분이 들지요. 도살장에 끌려가는 소처럼 터벅터벅 학교로 향하며 '아, 도망가고 싶다'라는 생각에 휩싸입니다. 현실은 도망가거나 부인한다고 결코 달라지지 않습니다. 몰래 교실을 빠져나와 시험을 보지 않고 학교 뒷산에서 시간을 보낼 수도 있지만 그 뒤엔 엄마의 무서운 질타나 선생님의 매서운 회초리를 감당해야 하는 것이 현실입니다.

내가 민효를 입양했다는 것, 가슴으로 낳았다는 것, 그리고 내게 하나뿐인 딸이라는 것은 모두 인정해야 하는 사실입니다. 만약 분명한 현실을 부인하고 민효를 입양하지 않은 것처럼 감춘다면 어떻게 될까요? 혹시 누군가 민효가 입양한 딸이라는 사실을 알게 되면 이사 가고, 누군가 입양한 아이냐고 물을 때마다 아이의 귀를 막으며 "아니요"라고 부인한다면 민효의 인생은 어떻게 될까요? 부모가 숨기는 현실에 사로잡혀 자신의 정체성을 부인하며 살아야 할 테고, 자기를 낳아 준 엄마를 꿈꿀 권리조차 보장받지 못할 것입니다.

우리가 태어난 모습 그대로 인정하고 받아들여야 자신감 넘치는 사람이 되는 것처럼 민효도 마찬가지라고 생각합니다. 누군가 입양을 망설이고 있다면 먼저 현실을 받아들이라고 말하고 싶습니다. 입양한 순간 아기는 당신 자식이 되지만, 또한 당신이 배 아파 낳지 않은 자식이기 때문입니다. 배 아파 낳은 다른 자식들이 있다면 그 사실을 인정하고 받아들여야 합니다. 아이들에게 "절대 입양한 동생이라고 말하면 안 돼"라고 강요할 생각이라면 차라리 입양을 포기하라고 말하고 싶습니다.

세상에 완벽한 비밀은 없습니다. 입양한 딸이 성장해 어디선가 자신이 입양된 아이라는 이야기를 듣고 올까 전전긍긍하면서 살 수는 없습니다. 아이가 질풍노도의 사춘기를 겪을 때 어쩌면 그 때문에 좌절하게 될 수도 있습니다.

사람인지라 억울한 마음이 들 수도 있겠지요. 행복한 입양의 시작은 현실을 인정하는 것입니다. 사실을 알리고, 인정하고 받아들일 수 있도록 도와줘야 합니다. 각각의 관계에서 비롯되는 차이도 스스로 조정하게 하는 것이 시작입니다. 가끔 큰아들 상준이에게 묻습니다.

"상준아, 민효가 네 동생이야, 아니야?"

"동생인데, 그래도 입양했잖아요."

가슴에 돌 하나가 쿵 떨어진 것 같았습니다. 하지만 초등학교 6학년인 아들에게 절대 강요하지 않았습니다.

"응, 맞아. 하지만 엄마 호적에 올렸으니 상준이 동생으로 입양된 그 순간부터 엄마가 낳아 준 동생이랑 똑같아지는 거야. 입양한 동생도 동생이야. 알지?"

"네."

여간해선 잘 웃지 않는 상준이도 땅콩같이 작은 민효의 손을 잡고 걸어갈 때면 빙긋 미소를 짓습니다. 친구들에게 "내 막냇동생이야"라고 민효를 소개할 때 얼마나 으쓱해하는지 압니다. 상준이 담임선생을 보러 학교에 간 날, 운동장에서 상준이 반 여자 아이들이 민효를 둘러싸고 귀엽다며 소리를 질렀습니다. 상준이는 건너편에 서서 안 보는 척 딴청을 피웠습니다. 하지만 민효가 낯선 분위기에 놀라 '오빠'를 부르며 울자 금세 달려가 손을 잡고 "민효야, 엄마한테 가. 얼른!"이라고 말하며 아이들을 뚫고 길을 만들어 내게로 보내 줬습니다.

햇살 좋은 오후, 운동장을 가로질러 나에게 뛰어오는 민효와 어린 동생을 바라보며 웃는 상준이. 이 아이들은 내가 살아가게 하는 원동력입니다.

쇼핑의 즐거움

아이들 옷은 재래시장이나 이월 상품을 저렴하게 파는 인터넷 쇼핑몰에서 주로 구입합니다. 아이가 셋이다 보니 철마다 아이 옷을 사는 일이 일종의 행사처럼 되었습니다. 나이 차도 있지만 체격도 서로 달라 옷을 대물림하는 것도 쉽지는 않습니다.

상준이는 반에서 키가 제일 크지만 말라서 44 사이즈를 입습니다. 3개월마다 바지가 짧아져 올겨울에는 밑단을 모두 뜯어내 입혔습니다. 팔다리 길이에 맞춰야 해서 올해부터는 아예 캐주얼 매장에서 브랜드 이월 상품을 판매하면 상준이 취향에 맞춰 95호 사이즈를 여유 있게 사 둡니다. 상준이랑 네 살 터울인 건희는 또래보다 키가 작은 편입니다. 첫 줄에 앉았다가 2학기가 되면서 겨우 세 번째 줄로 등급을 올렸습니다. 상준이 옷을 입히는 것은 정말 만만치 않은 노역입니다. 철마다 상준이 옷을 보따리에 싸서 장롱에 넣어 두고 4년에 한 번 묵은 옷을 다시 찾아 건희에게 입혀야 하니까요. 둘째 건희에게는 여태껏 새 옷을 사 준 일이 거의 없습니다. 형 옷이 너무 길어 아무리 옷장을 뒤져도 맞는 바지가 없을 때는 시장에 가서 한 벌 사 주기도 합니다. 시장에 나간 김에 건희가 좋아하는 유캔도 그림이 있는 티셔츠와 단정한 줄무늬 피케 티셔츠를 5천 원에 사 주면 무척 좋아합니다. 반면 상준이는 이제 자기 취향이 생겨 요란한 컬러나 유치한 디자인의 옷은 절대 입지 않습니다.

민효 옷을 고를 때면 내가 마치 공주가 된 것 같은 착각에 빠져들게 됩니다. 아들 둘만 키웠다면 내게 이런 행복한 순간이 있었을까요? 분홍색 레이스, 망사 스커트, 히트 무늬 레깅스, 공난 원피스, 리본 핀……. 민효의 옷이나 액세서리를 고를 때면 손이 오글거리는 기분이 듭니다. 유행이 지난 내 액세서리도 따로 모아 두고 있습니다. 몇 년 후 민효가 쓸지도 몰라 모으는데, 이걸 사용할 나이가 되어 멋 부리고 다니는 모습을 보고 싶어 안달하는 내 모습에 웃음 짓곤 합니다.

어제는 밤늦게 인터넷으로 상준이 옷을 주문한 뒤 단골로 찾는 인터넷 쇼핑몰에 가서 민효 옷을 골랐습니다. 앙증맞은 방울이 달린 분홍빛 털모자, 갈색과 와인빛 레깅스 두 장, 짧은 머플러 한 장, 티셔츠 두 장. 내년에도 입을 수 있게 여유 있는 사이즈로 주문한 뒤 올겨울 꽃단장하고 다닐 귀여운 딸의 모습을 떠올리니 행복했습니다.

아이들 입에 들어갈 음식과 아이들에게 입힐 옷가지, 아이들이 볼 책을 살 때는 돈을 쓰면서도 행복합니다. 젊을 때는 내게 투자하는 게 중요했는데 아이를 키울수록 변해 갑니다. 아직 다른 엄마들처럼 나를 희생하며 아이들을 위한 삶을 살고 싶지는 않습니다. 아이들과 내가 함께 성장하고 발전해 나갈 수 있는 삶을 꿈꿉니다. 내 삶의 목표와 아이 셋을 양육하는 일, 부모로서 역할과 나의 자아 발전을 위한 노력이 잘 맞물려 서로에게 좋은 영향을 미쳤으면 합니다.

피접

학원을 운영하는 나에게 신종플루 발병은 절체절명의 위기로 기억됩니다. 멕시코에서 신종플루가 처음 발병했을 때, CNN 뉴스를 통해 'Swine Plu'라는 이름으로 유행성 인플루엔자가 발병했고 사태가 심각하다는 걸 알았습니다. 하지만 SARS처럼 막연하게 '우리나라는 괜찮겠지'라고 생각했나 봅니다. 어느새 사망자가 발생했다는 보도가 나올 무렵 교육청에서 조사를 나왔습니다. 학원의 환경과 위생 상태를 점검하면서 원생 중 한 명이라도 신종플루에 걸리면 교육청에 신고해야 한다는 말과 함께 원어민 선생에 대한 단속 등 행동 지침을 전달했습니다. 대규모 프랜차이즈 학원이야 전국 휴원을 한다 해도 큰 걱정이 없겠지만 규모가 작은 영세 학원은 원생의 대거 이탈이 불 보듯 뻔한 상황이었습니다. 신종플루 집단 발병으로 학교가 휴교하거나 일찍 하교하면서 학원에 발병자가 생기면 신고하라는 조항은 이미 누그러졌습니다. 신고하기 전에 학교에서 먼저 아이들을 단속하는 데 총력을 기울였습니다.

그 무렵 우리 동네 어린이집 두 곳에서 신종플루가 집단 발병했다는 소문이 들려 가슴이 쿵 내려앉았습니다. 아직 백신이 나오지 않았고, 민효는 세 돌이 되지 않아 고위험군에 드는 상황이었기 때문입니다. 상준이나 건희야 초등학생이니 면역력이 강하겠지만 민효는 걸리는 순간 큰 병으로 번지지 않을까 염려가 되었습니다. 아직 친정집이 있는 동네에는 신종플루가 우리 동네만큼 번지지 않았기 때문에 친정엄마의 권유에 따라 민효는 외가로 피접을 떠났습니다. 겨울 한 철만 거기서 나게 하자고 생각한 민효의 피접은 1년이나 계속되었습니다. 민효는 외가 동네의 어린이집에 다니며 주말엔 엄마 집에서, 주중엔 할머니 집에서 두 집 살림을 하게 되었습니다.

당신이 민효를 가졌을 때, 민효 아빠의 부모님 연세가 마흔넷 정도였다고 들었습니다. 아이를 낳아도 받아 주지 않겠다고 하셨다지요. 그런 민효를 가엾게 여긴 세상의 모든 신이 이 세상에서 할아버지 할머니의 사랑을 가장 많이 받을 수 있는 집으로 민효를 보내 주자고 약속한 게 아닐까요? 그래서 민효가 내게 오지 않았나 하는 생각이 듭니다.

다른 손자는 평생 돌봐 주지 않던 시어머니께서 우리 집에서 민효를 돌이 지날 때까지 키워 주셨습니다. 그리고 친정 부모님 역시 1년째 민효를 돌봐 주고 계십니다. 외가에서 지내는 민효가 주말에 집에 오면 그날 밤 전화를 걸어 통화하고 아이가 부르는 노래를 듣고 뽀뽀까지 받고 나서야 잠자리에 드는 민효의 열성 팬입니다.

친정엄마는 어느 날 전화로 내게 이런 말씀을 하셨습니다.

"어떤 날은 자다 깨서 잠이 오지 않으면 잠자는 민효 보다가 내가 운데이. 지 낳아 준 엄마랑 같이 못 있고, 지 기르는 엄마랑도 같이 못 있고······. 지금 이래 내하고 있는 것 보면 딱해서 운데이. 그래도 니 만난 게 민효는 복이제. 우리 민효 복덩이 아이가. 맞제?"

딸인 내가 1년 365일 하루도 쉬는 날 없이 산다고, 당신의 삶을 꼭 닮았다며 늘 안타까워하는 엄마. 아이 봐줄 사람을 구하지 못해 전전긍긍할 무렵 엄마는 민효를 봐주겠다고 하셨습니다.

"민효가 니 딸인데 내가 와 못 키우노. 여기 델다 놔라. 니가 살아야 민효도 살재. 언능 델꼬 와라."

흔쾌히 민효를 돌봐 준 친정엄마는 이번 설에도 많은 손자 손녀 중 유일하게 민효의 한복만 사서 내 손에 쥐여 주셨습니다. 민효에게 할머니는 든든한 지원군입니다.

입원

시댁과 친정 양가 어른이 모두 고혈압과 당뇨가 있고 연세도 많으셔서 새벽에 전화벨이 울리면 겁부터 덜컥 납니다.
따르릉, 새벽 6시에 울린 전화벨 소리에 역시나 가슴이 서늘해졌습니다.
"여보세요?"
"내다."
"민효가 응급실에 있데이. 얼른 여 좀 와 봐라."
바로 옷을 입고 민효가 입원했다는 대학 병원으로 정신없이 차를 몰고 갔습니다. 신종플루를 피해 외가에 간 지 한 달이 채 되지 않은 시점이라 오만 가지 생각이 다 들었습니다. 허둥지둥 응급실로 들어가 보니 민효가 보였습니다. 눈이며 얼굴이 퉁퉁 부은 아이는 손등에 링거 바늘을 꽂은 채 코에는 산소호흡기를 달고 있었습니다. 증상이 신종플루와 같아서 벌써 검사를 한 상태라고 했습니다.
민효는 나를 보자 울음을 터뜨렸습니다. 그런 아이를 안아 주지도 못한 채 담당 의사 선생님의 호출을 받고 카운터 앞으로 갔습니다.
"아기 생년월일은요? 자연분만을 하셨나요? 열 달 모두 채워 분만하셨나요? 가족 병력이 있습니까?"
속사포처럼 기계적으로 질문을 쏟아 내는 젊은 레지던트. 첫 번째 질문 외엔 어떠한 대답도 할 수 없어 멍하니 서 있었습니다. 아는 것이 없어 대답할 수 없었다는 게 정확한 표현일 겁니다. 잠시 후 정신을 차리고 울먹이면서 말했습니다.
"선생님, 민효는 입양한 딸입니다. 그래서 아이의 가족 병력에 대해서는 아는 것이 없습니다."
민효의 친엄마와 친아빠가 건강하다는 정보 외에 민효의 가족 병력에 대해 아는 것이 전혀 없었습니다. 문득 영·유아 검진을 받으러 갈 때마다 여러 장의 검진 종이에 답을 쓰면서 속상했던 기억이 떠올랐습니다.

　　가족 중 고혈압이나 당뇨 환자가 있습니까?
　　가족 중 암 환자가 있습니까?

순간 화가 났습니다. 내 딸 민효는 자신의 건강에 대해 알 권리를 잃어버렸습니다. 자기를 낳아 준 부모의 가족력을 알 길이 없어 앞으로 살아가면서 병에 걸렸을 때 우연인지 유전인지 그 사소한 정보조차 파악할 수 없는 것입니다. 건강검진을 할 때마다 "입양한 딸이라 아는 것이 없어요"라고 내답할 수밖에 없는 것처럼 민효도 앞으로 살아가면서 병원에 갈 때마다 같은 대답을 해야 하지 않을까요?
"죄송합니다. 어릴 때 입양돼서 저를 낳아 준 부모님의 가족 병력은 모릅니다."
민효는 단지 입양아라는 사실 때문에 혹시 병에 걸리기라도 하면 그때마다 새롭게 자신의 병력 지도를 백지 상태에서 그려 나가야 합니다.
병원 응급실에 서 있는 우리는 영락없는 패배자의 모습이었습니다. 할 말이 없어 눈물 그렁그렁한 눈으로 의사 앞에 서 있기만 했습니다. 의사의 반응도 다른 사람들과 똑같았습니다. 멈춤 시계를 몇 초간 돌린 뒤 "아, 예"라며 머쓱한 듯 말을 흐리고는 아이의 상태를 설명했습니다. 결국 우리는 입원 수속을 하게 되었습니다.
민효는 내 등에 얼굴을 묻고 있고, 친정엄마는 가방을 들고 따라왔습니다. 6인실 병실에서 환자복으로 갈아입힌 뒤 복도로 나왔습니다. 친정엄마는 눈물을 훔치며 말씀하셨습니다. 새벽에 민효가 갑자기 숨을 제대로 못 쉬어서 가슴이 덜컥했다고. 아이가 어찌되기라도 할까 봐 놀란 부모님은 말을 잃은 채 망연히 서 있었습니다.

민효의 병명은 기관지염. 하지만 단순한 기관지염이 아니라 기관지가 좁아 염증이 쉽게 생기는 체질이라고 했습니다. 기관지염이 도졌을 때 기관지 확장에 도움이 되는 약을 주입하지 않으면 좁아진 기관지 때문에 숨을 못 쉬어 큰일이 날 수 있다고 했습니다.

오전 내내 병원에서 보낸 뒤 학원으로 돌아가 일을 마치고 밤 9시에야 병원에 와서 민효를 안고 잠을 청했습니다. 잠든 지 한 시간도 안 되어 민효는 기침을 심하게 했습니다. 잠자던 같은 방 보호자들이 다 깰 정도로 아이의 숨이 가빠지자 급히 간호사를 불렀습니다. 급기야 기관지를 확장하는 흡입기를 시간마다 대 줘야 했고, 그렇게 잠든 아이 곁에서 밤을 하얗게 지새웠습니다. 낮에는 잘 놀다가도 밤이 되면 어김없이 숨이 가빠져 이틀째 밤엔 아이를 업고 병원 복도를 하릴없이 거닐어야 했습니다. 업어 주면 숨쉬기가 편한지 눈물 마른 얼굴을 내 등에 기대고 잘 수 있었습니다. 시간 맞춰 학원으로 가서 일하고 밤이 되면 다시 병원으로 돌아오길 3일째. 문득 달력을 보니 2009년의 마지막 날 밤 10시였습니다.

"내다."

한 해 마지막 날, 여느 해와 마찬가지로 고등학교 동창 모임에 나간 남편이 벌써 술에 취한 듯 흔들리는 목소리로 전화를 했습니다.

"집에 가요."

"아니, 내 지금 병원 갈 끼다. 니하고 민효하고 같이 잘 끼다."

마음 같아서는 철딱서니 없는 남편을 때려 주고 싶었습니다. 밤 10시, 병실은 어둑하고 아이들과 보호자들이 모두 잠든 터라 전화 통화도 조심스럽게 하고 있었습니다.

"오지 마."

"간다. 기다리!"

뚝. 전화가 끊겼습니다. 낮에는 일하고 밤에는 병원에서 지새워 녹초가 된 아내. 이제 갓 두 돌이 지난 딸아이는 통통 부은 손등으로 링거액이 새어 나와 옷이 다 젖을 정도로 고생하고 있는데, 철없는 아빠는 술 한잔 걸치고 온다니……. 괜히 부아가 났습니다. 30분쯤 흘렀을까, 민효와 나란히 누워 선잠이 든 나는 부스럭거리는 소리에 눈을 떴습니다.

"닭 사왔다. 묵어라. 너 둘이 없어 집에 가기도 싫데이. 아프지 말거레이. 닭 묵고 빨리 힘내 집에 가자."

혀가 꼬인 목소리로 나를 깨우는 남편을 도끼눈을 하고 노려보았습니다. 하지만 마음속으로는 남편의 진심을 느꼈습니다. 애정 표현에 익숙하지 않은 무뚝뚝한 경상도 남자가 해 줄 수 있는 것은 고작 닭 한 마리와 이런 서툰 말이 전부니까요.

그리고 남편은 잠든 딸에게 속삭였습니다.

"민효야, 가시네야. 아프지 마레이. 아프면 서럽데이. 아프지 마레이. 알겠제?"

병상에 누운 민효를 보니 마음이 아픈지 그 큰 손으로 아이의 앞머리를 쓱 쓰다듬어 주고 주삿바늘 꽂힌 통통 부은 손을 계속 만지작거렸습니다. 안쓰러운지 그렇게 아이를 바라보고만 있었습니다.

어느 날 스물네 살인 내게 다가와 그 순간 마음을 가져가 버린 남자.

"전공이 뭐예요?" "무슨 일 하세요?"라는 통속적인 질문에 고등학교 졸업하고 팔달시장에서 양파를 배달한다고 당당하게 말하던 남자. 6개월도 채 만나지 않았지만 어느 날 무심코 내 마음이 그에게 가 버린 걸 알게 되었습니다. 결국 결혼하자고 졸졸 쫓아다니며 조르게 한 남자. 스물다섯 살의 나와 결혼한 가난한 이 남자.

무뚝뚝하지만 속마음은 묵은지처럼 질박한 그에게 중독되어 16년째 함께 살고 있습니다. 11월 11일 빼빼로데이에 남편은 "몇 시에 오노? 떡 사 놨다. 묵으라. 내 먼저 잔데이"라는 문자메시지를 보내왔습니다. 부부 싸움을 한 후 한동안 말도 안 하고 냉전 중인 터라 메시지를 보고도 시큰둥했습니다. 밤 11시, 일을 마치고 돌아와 현관문을 열자 집이 깜깜했습니다. 주방 식탁 위에 놓인 검은 비닐봉지를 열어 보니 가래떡 한 팩이 들어 있었습니다. 가래떡 아래 봉투가 놓여 있었는데, 그 봉투를 열어 본 순간 눈시울이 뜨거워졌습니다.

빳빳한 5만 원짜리 지폐 10장과 함께 투박하게 접힌 회색 종이가 있었습니다.

    미안하고 고맙고 사랑한데이.

그 종이에는 그렇게 적혀 있었습니다. 평생 사랑한다는 말 한마디 못 들어본 터라 짧고 무뚝뚝한 그 글귀가 세상 무엇보다도 큰 행복을 안겨 주었습니다. 부족한 아내를 위해 애쓰는 남편의 속내를 확인하고 뼛속 깊이 미안했습니다.

남편은 나에게 늘 든든한 버팀목입니다. 자만심이 지나쳐 건방지게 보일 즈음 나를 무섭게 질타해 겸손함을 알게 해 주는 삶의 동반자, 힘들 때마다 생각지 못한 방법으로 나를 일으켜 세워 주는 변함없는 지지자. 늘 나에게 해 준 게 없다고 미안해하는, 실상 자신이 나와 아이들에게 얼마나 큰 존재인지 모르는 착한 사람입니다. 내 무덤에 잔디가 잘 올라오는지 봐야 하니 1년 뒤 따라 죽겠다고 말하는, 한결같은 사랑으로 늘 나를 지탱해 주는 든든한 남편입니다.

그날 술 취한 모습으로 닭튀김 한 봉지를 사들고 병원을 찾은 그는 그저 평범한 중년 아저씨였지만, 그 누구보다 딸을 사랑하는 대한민국의 대표 아빠였습니다. 2009년 마지막 날 밤, 우리는 삭막한 병실에서 행복하게 새해를 맞이했습니다.

PART
03

PART
03

가족이라는 이름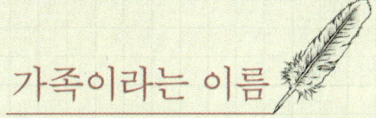

우리 집 사연을 알게 된 이들의 첫마디는 한결같습니다.

"정말 대단하시네요."

"어떻게 입양을 결심하게 되셨나요?"

그럴 때마다 머뭇거리다 "그냥요"라고 말하며 씩 웃어 보입니다.

하지만 사실 사람이 살아가면서 '그냥' 하는 일은 없습니다.

모든 행동은 무의식적이지만 뇌에서 수백 번, 수만 번 생각해 온 것이

한 번의 실천으로 나타난 결과라고 믿습니다.

피를 나누어야 가족이 되는 건 아닙니다.

민효가 우리 가족에게 온 지 4년째, 이제는 한순간도

내 딸이 없는 우리 집을 상상할 수 없습니다.

숨 가쁜 일상 속에서

살아갈 힘과 기쁨을 주는

아가야, 사랑한다.

세상에서 가장 친한 친구

"엄마, 빠빠(밥) 주세요."
말문이 트인 후로 민효는 아침마다 그렇게 나를 깨웁니다. 상준이, 건희를 키울 때는 아이들이 언제부터 말을 했고 무슨 말을 먼저 했는지 모르고 지나칠 정도로 여유가 없었던 것 같습니다. 나이 들어 키우는 딸아이의 재롱은 두 차례 육아를 경험한 내게도 남다르게 다가왔습니다. 민효는 친정 부모님에게도 특별한 의미로 자리매김한 것 같습니다. 할아버지와 함께 지하철을 탄 민효에게 어느 날 할머니 한 분이 물었답니다.
"니 이름이 뭐꼬?"
"방미노."
"미노?"
"아니야, 미노야."
"미노?"
"아니. 미노라고, 미노!"
네 살배기 민효에게 '민' 자와 '효' 자를 붙여서 발음하는 것은 쉬운 일이 아닙니다. 자기가 제대로 발음하지 못한다는 것을 모르기에 할머니가 자기 이름을 잘못 불러 일부러 놀린다고 생각하며 짜증을 내는 겁니다. 누가 보면 버릇없다고 생각할 수도 있지만, 민효가 유독 할머니와 할아버지에게 툭툭 말을 놓으며 말대꾸를 하는 데는 이유가 있습니다.
민효에게 이 세상에서 가장 친한 친구는 외할아버지입니다. 공원에서 아이가 싫증 날 때까지 두말하지 않고 그네를 밀어 주는 사람, 아무리 떼를 써도 허허 웃어 주는 사람은 이 세상에 외할아버지뿐입니다. 자다가도 "힝, 할부지 보고 싶어"라며 할아버지를 찾는 민효와 외할아버지는 둘도 없는 짝꿍입니다. 나의 아버지는 그렇게 가슴으로 낳은 손녀를 세상에서 가장 소중한 친구로 생각합니다.

한창 말을 배울 때도 엄마 아빠에게 하는 말투와 할아버지에게 하는 말투가 완전히 달랐습니다.

"할부지, 미노 말 들어! 할부지, 까불지 마. 알았제!"

"박민효!"

버릇없는 말투에 놀라 고함을 치면 민효는 울음을 터뜨리며 할아버지에게 달려가 나를 흘깃 봅니다.

"놔둬라. 애들 말 배울 때는 다 그런다. 요새는 선생님 하는 말을 다 배워 와서, 아침마다 너 엄마랑 나랑 앉혀 놓는다. 책 펴 놓고 의자에 앉아서는 우리보고 '똑바로 따라 해. 알겠제?' 하며 공부도 가르쳐 준다 아이가."

예전의 엄격하고 까칠하던 내 아버지가 아닙니다. 손녀의 응석에 귀여워 어쩔 줄 모르는, 이 빠지고 머리 벗겨진 할아버지의 모습입니다. 민효가 노래를 부르면 박수를 치면서 어눌하게 "우리 민효 잘한다"라고 추임새를 넣어 주는 나의 아버지.

앞서 나란히 걸어가는 두 사람의 뒷모습은 늘 아름답습니다. 머리카락이 거의 빠진 아버지는 늘 야구 모자를 쓰고 다닙니다. 밭일을 해서 검게 그은 얼굴에 야구 모자를 눌러쓴 노인과 햇살처럼 피부가 뽀얀 계집아이가 깔깔거리며 손을 잡고 걸어갑니다. "할부지, 할부지" 물총새처럼 말을 쏘아 대고 노인은 허허 웃으며 장난을 받아 줍니다. 아침 햇살이 강렬한 건지, 두 사람에게서 빛이 나는 건지 도무지 구분할 수가 없었습니다.

신명 많은 아이

신종플루를 피해 피접을 간 민효는 1년째 주중에는 외가에서, 주말에는 집에서 생활하고 있습니다. 외가 앞에 조경이 잘된 공원이 있어 아주 추운 날을 제외하곤 아침저녁으로 공원 나들이를 합니다. 아침에 눈뜨면 할아버지 손을 잡고 공원에 가서 그네를 탑니다. 무슨 의식처럼 그렇게 그네를 타고 나서야 어린이집에 갑니다. 늘 두말없이 그네를 태워 주는 할아버지도 한여름에는 그네 줄이 뜨거워 힘들어하신다는 걸 눈치챈 민효. 해거름이 되어 선선해지면 살며시 신발을 신는다고 합니다.

"할부지, 공원에, 공원에……."

작은 동네라 공원은 늘 동네 할아버지와 할머니, 아이들로 붐빕니다. 어느 날 아버지가 떼쓰는 민효를 달래느라 땀을 뻘뻘 흘리며 돌아왔답니다. 이유인즉슨 공원에서 판을 벌인 엿장수 옆에 서서 종일 노랫소리에 맞춰 춤을 췄기 때문이라고 합니다. 나중에는 엿장수보다 옆에서 춤추는 여자아이를 보려고 사람들이 모여들어 결국 민효는 사탕이랑 엿을 한 움큼 얻었다는 이야기였습니다. 제자리에 서서 엉덩이를 뒤로 살짝 빼고 실룩실룩 짱구처럼 춤을 췄는데, 보는 사람들이 귀엽다며 사진도 찍고 열띤 박수를 보냈다고 합니다. 보다 못한 아버지가 민효를 안고 집으로 돌아오자 울음보가 터진 겁니다.

"미노, 공원에, 공원에……. 으앙."

신명 많은 민효는 그렇게 할머니와 할아버지의 사랑을 독차지하고 있습니다. 친정엄마는 외삼촌이 운영하는 보신탕집 주방에서 수십 년째 일을 돕고 계십니다. 당뇨에 고혈압, 거기에 엉덩뼈도 닳고 허리까지 돌아가 아픈데도 일을 그만두려고 하지 않습니다. 매일 아침 9시까지 출근하는 할머니를 배웅하는 것이 민효의 하루 일과가 되었습니다.

"할머니, 뽀뽀."

현관에서 신을 신는 할머니에게 '할머니 뽀뽀'를 의식처럼 합니다. 민효이마는 할아버지 것, 뺨은 할머니 것, 입술은 엄마 것! 귀염둥이 민효는 이렇게 뽀뽀하는 자리까지 다 정해 두고 뽀뽀 세례를 합니다. 한껏 신이 나면 '찡글이 뽀뽀'를 하는데, 입술과 코를 삐딱하게 찡그려 뽀뽀하는 품새가 여간 사랑스러운 게 아닙니다. 할머니가 출근하면 낮 12시에 어린이집에 가는데, 가끔씩 어린이집 대신 할머니를 보러 가겠다고 떼를 써서 난감할 때가 많답니다.

아버지는 작년에 오토바이 사고를 당해 뇌수술을 하신 후로 자전거만 타십니다. 이 자전거에는 민효 전용 안장이 달려 있습니다. 어느 날 아버지는 친정엄마가 일하는 식당으로 민효를 태우고 가다가 자꾸 자전거가 흔들려 놀라셨답니다. 왜 그랬을까요?

민효가 자전거 뒤에 앉아 춤을 췄기 때문이랍니다. 가는 길에 휴대폰 매장 앞을 지나는데 거기서 흘러나오는 노랫소리에 끼를 주체할 수 없었던 것이지요. 리듬에 맞춰 몸을 흔드는 손녀딸 덕분에 아버지의 자전거가 흔들린 겁니다. 약주를 한잔 걸친 어느 날 저녁, 아버지께서 전화를 거셨습니다.

"정애야, 큰 놈들 다 키워 봤어도 이런 손녀는 없었다."

신명 많은 손녀 덕분에 늙은 아버지의 얼굴에서 웃음 가실 날이 없습니다.

생일 파티

결혼한 후로 여태껏 단 하루도 일을 하지 않은 적이 없습니다. 비록 사교육 선생이긴 하지만 '선생'이라는 이름으로 불린 그 순간부터 아이들이 내게 와서 단 하루라도 시간을 낭비하지 않도록 공부뿐 아니라 올바른 인성을 길러 주기 위해 최선을 다했습니다. 어렵게 시작한 일과 함께 세 아이의 엄마, 한 남자의 아내 몫까지 해야 했기에 가족에게는 늘 미안한 마음을 품고 있었습니다.

세 아이 모두 처음 3~4년간은 엄마 손으로 키우지 못했습니다. 상준이는 큰어머니가 키워 주셨고, 건희는 친한 언니가 돌보다 밤 11시에 데려오곤 했습니다. 민효 역시 1년째 외가에서 지내고 있고 주말에만 집에 옵니다. 상준이와 건희가 학교에서 공개 수업을 하는 날도, 운동회 날에도 11시 넘어 학교에 도착해서 얼굴도장만 찍고 돌아오는 워킹맘입니다.

"엄마, 이번 주 토요일에 친구들한테 집에서 생일 파티 한다고 했어요."

건희의 선전포고에 깜짝 놀랐습니다. 올해 생일은 성대한 파티를 하려고 아예 친구들한테 다 말해 놓고 통보만 하는 게 아니겠습니까? 게다가 토요일은 일주일 중 수업이 가장 많은 날이라 마음이 불편했습니다. 피자에 치킨에 배달 음식을 시킨다고 해도 누가 와서 아이들 수발을 들어 줄지 막막했습니다. 마침 민효가 오는 날이라 급한 마음에 친정엄마에게 시간 맞춰 와 달라고 전화로 부탁드렸습니다.

건희 생일인 토요일, 시간 맞춰 음식을 주문해 놓고 일하러 갔습니다. 수업이 끝난 6시, 집에 와 보니 민효가 달려와 얼굴을 만지며 반가워합니다.

"엄마, 일하고 왔쪄?"

"응. 민효는 뭐했어요?"

"오빠하고 건희하고 놀았쪄. 건희 친구들하고도 놀았쪄."

민효는 상준인 오빠라고 하면서 건희는 이름을 부릅니다. 어린애 눈에도 작은오빠는 제 친구처럼 만만해 보이나 봅니다. 그때 집으로 돌아가신 친정엄마에게 전화가 왔습니다.
"오늘 고생했제? 그런데 나 오늘 깜짝 놀랬데이!"
"네? 왜요?"
"건희 때문에 안 카나. 음식이 도착해 상 차리고 친구들하고 앉았거든. 사람이 많아 그런지 민효가 이리 뛰고 저리 뛰고 어찌나 좋아하던지. 지 오빠라고 건희 옆에 찰싹 달라붙어 있데. 그런데 갑자기 건희가 민효를 가리키며 친구들한테 그러는 거 아니가. '있제, 우리가 어릴 때 어디 가서 델고 온 애데이!' 하는 기라. 내가 그 말 듣고 얼마나 놀랐는지 모른데이. 친구들 가고 난 뒤 건희 불러서 '건희야, 친구들한테 그런 말 하면 안 돼. 알겠나?' 하고 타일렀는데도 민효가 어찌나 불쌍하던지. 그기 지 오빠 좋다고 옆에 찰싹 붙어 앉아 있는데 건희 친구들이 뭐라고 생각했겠노."

친정엄마는 울컥하셨는지 울먹거리며 말을 이어 가셨습니다. 나도 머리를 얻어맞은 것처럼 정신이 없었습니다. '아직도 건희 머릿속에 그렇게 각인되어 있을까? 아니, 아직 어려서 그럴 거야.' 전화 통화를 마친 뒤 한동안 멍하니 앉아 있었습니다. 주변을 뛰어다니는 민효를 보니 괜히 눈물이 났습니다. 마음을 다잡고 상준이랑 건희를 불렀습니다.
"너희, 여기 앉아 봐."
정색을 하고 두 녀석을 부르니 무슨 일인가 싶어 바짝 언 채 쭈뼛쭈뼛 자리에 앉았습니다. 우선 건희에게 그런 말을 한 적이 있느냐고 물었고, 건희는 고개를 끄덕거렸습니다. 그 순간 상준이가 건희의 뒤통수를 치며 화를 냈습니다.
"야, 인마, 니 정신이 있나? 니 친구들한테 할 말이 있지. 민효가 강아지가? 델고 왔다 하게!"

놀란 건희는 훌쩍거리며 울기 시작했습니다. 일단 상준이를 말렸습니다. 따지고 보면 건희가 틀린 말을 한 것도, 거짓말을 한 것도 아니기 때문입니다. '데리고 왔다'는 말은 사실입니다. 우리 가족의 현실이니까요. 건희가 입양이라는 말을 제대로 이해하지 못하는 건 당연한 일입니다. 이제 초등학교 2학년인 건희 친구들에게 입양했다고 한들 어떻게 이해하겠습니까?

"건희야, 아직 네가 어려서 그래. 그런데 엄마한테는 상준이도, 너도, 민효도 모두 똑같은 자식이야. 엄마 새끼라고. 엄마랑 아빠가 민효 데리고 온 거 맞아. 그렇지만 엄마가 민효를 데리고 왔다고 해서, 입양했다고 해서 민효가 네 동생이 아닌 건 아니야. 건희야, 울지 말고 민효 좀 봐. 우리 민효 누구야?"

"내 동생."

"그래, 우리 건희 동생 맞지? 건희야, 민효를 입양한 건 남한테 속일 일이 아니야. 말해도 되는 거 맞아. 하지만 아까처럼 그렇게 말하는 건 아닌 것 같다. 알겠지?"

건희는 울음을 그치고 고개를 끄덕였습니다. 하지만 저녁 내내 마음이 편치 않았습니다. 건희가 무슨 잘못을 저질렀을까? '데리고 왔다'는 말이 틀린 말은 아닌데. 건희는 그저 친구들에게 자기 동생이 조금 다르다고 이야기하고 싶었을 뿐일 텐데. 그런 건희가 개념 없이 말했다는 형의 말에 눈물을 뚝뚝 흘리며 앉아 있는 모습을 보면서 딜레마에 빠졌습니다. 건희 엄마인 나는 지금 공개적으로 딸을 입양했다고 책까지 쓰고 있는데, 건희가 친구들에게 "내 동생은 데리고 왔어"라고 말하는 것과 내가 글로 "내 딸을 입양했어요"라고 말하는 것에 무슨 차이가 있을까요?

건희가 "동생을 데리고 왔다"고 말하는 것을 보고 친정엄마가 놀랐듯 내가 딸을 입양해 놓고 그 사실을 공개하면 '어떤 엄마가 그런 일을 공개할까?'라며 사람들이 나를 비난할 수도 있지 않을까? 감출 수 없는 일이니 밝히고 받아들이게 하는 것도 내 몫이 아닐까 생각했는데……. 아직도 정체성에 혼란을 겪는 내 자신이야말로 민효에게 자격 없는 엄마라는 생각이 들었습니다. 수많은 생각을 거듭한 끝에 초심을 찾자고 결심했습니다.

'초등학생도 입양이라는 말이 무슨 뜻인지 알게 해 줘야지. 더불어 사는 세상을 만들기 위해 입양을 어떻게 바라보아야 하는지 말해 주자. 나를, 내 딸을 통해 우리가 남들과 다르지 않다는 것을 보여 주자. 입양이 특별한 일이 아니라 누구나 할 수 있는 일이라는 걸 가르쳐 주자. 내가 입양한 딸을 가슴 시리도록 사랑하고, 내 딸을 낳은 어린 엄마도 가슴 아프도록 그리워할 거라고 말해 주자. 우리 두 사람 다 민효 엄마라는 것을 알려 주자.'

그렇게 다시 용기를 내어 글을 쓰고 있습니다. '입양'이라는 말을 모르는 아이들이 있다는 것은 입양을 쉬쉬하는 사회 분위기 때문이 아닐까요? "입양한 딸입니다"라고 말해 그런 일을 공개하는 몹쓸 엄마라고 낙인찍힐지라도 기꺼이 그 일을 해야 한다는 결심이 섰습니다.

우리나라에선 입양한 부모는 대단하다고, 아무나 하는 일이 아니라고 여깁니다. 이 말은 동전의 양면과도 같습니다. 평범한 사람은 대단한 사람이 아니라 입양은 감히 생각지도 못한다는 뜻입니다. 하지만 나는 지극히 평범한 엄마입니다. 늘 가계 부채를 재산으로 생각하며 살아온 중산층이고, 남편과 결혼해 지금까지 수많은 고비를 넘기며 가정을 꾸려 온 지극히 평범한 아내입니다.

내 딸 민효는 결코 불쌍한 아이가 아닙니다. 사람은 누구나 당당히 받아들이기 힘든 사연 하나쯤 가슴에 품고 살아갑니다. 민효도 그 많은 사연 중 하나를 품은 아이일 뿐입니다. 누군가 입양아라고 해서 민효를 딱한 눈으로 쳐다본다면 과감하게 "내 딸을 왜 그런 눈으로 바라봅니까?"라고 따질 겁니다.

만약 민효를 입양한 사실을 죽을 때까지 숨기려고 든다면 무슨 일이 생길 때마다 수십 번 이사를 가야 할지도 모릅니다. 텔레비전에 '입양'을 주제로 다룬 다큐멘터리가 나오면 슬그머니 채널을 돌리고, 가족과 친척들에게 입단속을 시키며 전전긍긍 살아가야 할 겁니다. 우리 가족이 더 행복해지기 위해 입양했는데 왜 거짓말쟁이가 되어야 하고, 왜 입양한 순간부터 불안감에 떨며 아이의 권리를 빼앗는 부모가 되어야 합니까?

그래서 오히려 밝히는 방법을 선택했습니다. 단 한순간도 민효를 입양한 것을 후회한 적이 없습니다. 누가 내게 민효가 상준이나 건희와 다른 점이 있느냐고 묻는다면 다섯 손가락을 깨물면 똑같이 아픈 것처럼 조금도 다를 게 없다고 대답할 것입니다. 지금 민효가 내 곁에 없다면 살아갈 수 없을 정도로 만신창이가 될 것입니다. 그렇게 소중한 민효를 건희가 "어디서 데려왔어"라고 말하듯 "나는 딸을 입양했다"라고 외치는 이유는 단 하나입니다. 민효가 살아갈 세상이 더 따뜻해지길 바라기 때문입니다.

철부지 건희가 친구들 앞에서 "동생을 데려왔다"고 말했을 때 그 말뜻을 단 한 명이라도 알아듣고 "우와, 입양했구나! 예쁜 여동생이 생겨서 좋겠다!"라고 말할 수 있는 열린 세상, 입양이 좀 더 보편화된 세상이 오기를 기원합니다. 내 딸이 당당히 "저는 입양됐습니다"라고 말해도 다른 눈으로 보지 않는 세상을 꿈꿉니다.

나를, 내 딸을 보여 주어 단 한 사람이라도 우리가 다르지 않다고 생각하게 된다면 사람들이 내게 느낄 오해 정도는 얼마든지 감당할 수 있습니다. 그래서 꿋꿋이 글을 씁니다. 내 딸은 남들과 다르지도, 이상하거나 불쌍하지도 않습니다. 비록 낳아 준 엄마와 떨어져 우리 가족에게 왔지만, 생각해 보면 엄마가 두 명이나 되는 행복한 아이입니다. 내 딸에겐 살아가야 하는 이유와 희망이 하나 더 있습니다. 민효를 그리워하며 행복하게 잘 살길 기도하는 당신을 위해 내 딸은 더 열심히 살아갈 것입니다. 언젠가 당신을 만나게 될 거라는 희망을 품은 채 두 엄마의 사랑을 받는 행복한 아이로 자랄 것입니다.

인연이 닿아 나와 민효를 우연히 만나게 되면 환하게 웃어 주세요. 그것만으로도 우리는 충분히 고맙고 행복할 것입니다.

113
가족이라는 이름

일상의 보물

마흔 살이 되었습니다. 내게는 세 명의 아이와 남편이 있습니다. 사회적으로는 학원 원장, 대학원생, 그리고 과목 조교인 튜터라는 직함이 있습니다. 또 보석과도 같은 제자들이 있습니다.
엄마로, 아내로, 선생으로, 학생으로 하루하루 눈코 뜰 새 없이 바쁘게 채워지는 일상. 살다 보면 일은 산더미처럼 쌓여 있고, 두 아들 녀석은 말을 듣지 않고, 남편은 속상하게 해서 집에 들어가기도 싫은 날이 있습니다. 이런 날엔 학원 문을 걸어 잠그고 혼자 교재 만드는 작업을 합니다. 일에 몰두하다 보면 나를 잠식할 것 같은 일상의 피로에서 조금은 벗어날 수 있기 때문입니다. 워킹맘으로 살다 보니 인간관계라고는 내 일터인 학원 선생들과 제자, 그리고 학교 교수님, 후배뿐입니다.
자정을 넘겨 터덜터덜 집에 돌아와 식탁 위에 노트북을 펴 놓고 다시 일에 파묻힙니다. 일이 쌓일수록 조금씩 '나'라는 존재를 잃어 가는 듯한 느낌이 듭니다.
일상의 스트레스가 심해지면 긍정적인 나도 스스로 '새장 속에 갇힌 새'라고 느끼며 깊은 허무감에 빠지곤 합니다.
늦게야 겨우 잠들어 비몽사몽 중인 아침 7시에 전화벨이 울렸습니다.
"여보세요?"
"엄마."
"우리 아가, 빠빠 먹었어?"
"응, 먹었어. 미노 공부했쩌."
"무슨 공부 했어?"
"공부했쩌."
아직 발음이 서툰 민효입니다. 공부했다고 우기지만 분명히 연필로 책이나 공책에 선긋기를 한 게 고작일 겁니다. 그래도 매번 공부했다고 주장하는 모습이 얼마나 귀여운지 모릅니다.

"민효야, 나비야 노래해 줘."

"나비야, 나비야, 이리 날아오느라. 홍홍나비, 흰나비, 옹바람에 꽁잎또 땀북땀북 웃으믄 함새도 땍땍땍 노래하며 툼툰다."

민효가 부르는 '나비야'는 발음이 정확하지 않아 가만히 듣고 있으면 웃음이 절로 나옵니다. 그런데 오늘은 수화기를 통해 들려오는 민효의 노래를 듣고 있으려니 주책없이 눈물이 났습니다. 하루에 한 번씩 꼭 전화를 걸어 어눌한 발음으로 노래를 불러 주는 예쁜 민효가 고마워 펑펑 울었습니다. 정신없이 힘든 날, 민효는 어김없이 전화를 걸어 나를 일으켜 세워 줍니다.

"민효야."

"응? 엄마, 울어?"

"아니. 안 울지요. 엄마는 민효 많이 사랑하는데, 우리 민효는 엄마 얼마큼 사랑해?"

"이만큼."

지금 민효가 오른손으로 커다란 동그라미를 그리고 있다는 것을 보지 않아도 알 수 있습니다. 사랑한다고 말할 때 꼭 민효는 커다란 동그라미를 그립니다. 자다가도 내가 마구 뽀뽀를 해 대면 한 손을 들어 동그라미를 그리며 "이만큼, 이만큼"이라고 중얼거립니다.

민효가 곁에 없다면 일상의 짐에 눌려 스스로 감당하지 못했을지도 모릅니다. 민효가 옹알이를 하면서 나를 보고 웃어 주었을 때부터, 처음으로 '엄마'라고 불러 준 그날부터, 커다란 동그라미를 그리며 "이만큼 사랑해"라고 말하는 지금 이 순간에도 민효의 엄마인 것이 늘 고맙고 또 행복합니다.

아이를 입양하기로 결정한 그날이 내 인생에서 가장 소중한 선택의 순간이었다고 감히 말할 수 있습니다. 신께서 내게 준 최고 선물이라고 말입니다. 내게 희망과 용기를 주는 민효가 늘 고맙습니다. 팍팍한 일상에서 나를 추스를 수 있는 힘을 줍니다. 내 딸이 나를 보며, 엄마가 살아가는 모습을 보며 성장해 딱 나만큼만 강해졌으면 합니다. 민효가 없는 곳에서는 고작 일상의 무게에 짓눌려 눈물을 쏟는 울보 엄마일지라도 내 딸에게는 든든한 울타리가 되어 주어야 하기에 오늘도 울지 않는다고 거짓말을 합니다.

딸과 아들

아들만 키울 때는 몰랐습니다. 딸이 있다는 건 엄마에게 큰 축복인 것 같습니다. 이렇게 말하면 두 아들이 서운함을 느낄 수도 있겠지만 아들과 딸은 분명히 다릅니다.

아들은 클수록 남편처럼 든든한 울타리가 되어 주는 것 같습니다. 중학교 1학년인 상준이는 벌써 키가 1백70센티미터입니다. 키만 큰 게 아니라 큰아들답게 의젓해서 엄마를 많이 도와줍니다. 하루하루 상준이의 도움이 없다면 아무것도 못하고 우울증에 빠질 수도 있겠다는 생각을 가끔 합니다.

"상준아, 물!"

"상준아, 엄마 노트북 가져와서 꽂아 줘."

"상준아, 음식물 쓰레기 버리고 와."

밖에서 녹초가 되어 돌아오면 침대에 누워 버립니다. 누워서 상준이에게 이것저것 심부름을 시키고 가끔은 무지막지하게 짜증을 내기도 합니다.

"상준아, 상준아."

끝없는 내 요구에 상준이는 군말하지 않고 묵묵히 요구 사항을 들어줍니다. 착해서라기보다는 하지 않으면 엄마가 할 때까지 시킬 것을 알기 때문이겠지요. 그런 엄마를 상준이는 '왕비병'이라고 놀려 대곤 합니다.

요즘에는 일요일마다 엄마가 일하는 학원에 나와 고등학생 시험지를 복사해 주고 단어를 질문해 주는 아르바이트를 합니다. 낮 12시부터 4시까지 일하는데 시간당 2천 원을 줍니다. 꼬깃꼬깃 아르바이트로 번 돈을 모아 두었다가 민효 과자도 사 주고 한창 빠져 있는 요요도 삽니다.

'까칠한 도시 남자' 같은 상준이와 달리 건희는 애교가 많고 내 성격을 쏙 빼닮았습니다. 무슨 일이든 한번 시작하면 끝을 보고 마는 기질, 하고 싶은 건 될 때까지 졸라서 쟁취해 내는 고집 등 성격은 물론 웃을 때 눈이 파묻히는 얼굴까지 나와 판박이입니다. 삼남매 중에서 나름 사고뭉치입니다. 다니는 학원이라고는 피아노와 방과 후 학습인 주산, 매일 한 시간씩 하는 공부방 수업이 전부지만 학원 빼먹기를 밥 먹듯이 합니다. 건희가 학원에 오지 않았다는 주산 선생님의 문자를 받고 "건희야, 왜 이렇게 늦었어?"라고 물으면 "아이, 오늘 주산 선생님이 뒤에 문제까지 다 풀고 가라고 해서 공부방에도 못 가고 늦었잖아"라며 능청을 떱니다. 거짓말을 한 죄로 아빠한테 엉덩이를 흠씬 맞은 후에야 닭똥 같은 눈물을 뚝뚝 흘립니다.

두 아들을 키우면서 내가 모든 것을 간섭하며 내 방식대로 자리길 바라기보다 아이들 스스로 커 나간다고 믿었습니다. 이런 내 교육관 때문인지 상준이는 조금 더 어른스럽고, 건희는 일찍 어른 행세를 하며 조금씩 집안에서 자신의 테두리를 잡아 가고 있습니다. 민효 역시 다르지 않습니다. 특히 딸일수록 강하고 능력 있는 사람으로 키워야 한다는 친정엄마의 생각을 고스란히 따르고 있습니다. 평소에는 쿨한 엄마지만 민효 앞에서는 종종 무너지기도 합니다. 뽀얀 뺨, 통통한 손, 콧잔등을 찡그리며 웃는 귀여운 얼굴……. 딸은 일상의 행복 비타민이 아닐까 생각할 때가 많습니다.

아침 일찍 전화벨이 울렸습니다. 전날 새벽 4시가 넘도록 교재 작업을 하다 선잠이 든 터라 겨우 전화를 받았습니다. 친정아버지는 민효가 감기에 걸려 어린이집에 못 갔다고 하시며 전화를 바꿔 주셨습니다.

"민효야."

"엄마, 어디 아파?"

"아니, 엄마 자다가 일어나서 그래. 우리 민효 아파?"

"미노 아파. 미노 약 먹었쩌. 약 까까 맛시써."

"에구, 우리 민효 아팠어? 아프지 말아야지. 오늘 할아버지 말씀 잘 듣고, 밖엔 추우니까 나가면 안 돼요. 알겠지?"
"응."
"민효야, 엄마 뽀뽀해 줘."
"엄마, 보고 싶어. 쪽."
수화기 너머에서 뽀뽀 소리가 들립니다. '엄마도 보고 싶어'라는 말은 하지 않고 아껴 둡니다. 보고 싶다는 말을 꺼내는 순간 울보 엄마와 민효가 함께 울음을 터뜨릴 때가 많기 때문입니다. 상준이도, 건희도 다 남의 손에 맡겨 키웠는데 유독 민효에게만 이렇게 마음이 애틋한 걸 보면 신기합니다.
정 많고 애교 많은 딸 덕분에 아들 키울 때는 느끼지 못한 잔재미를 마음껏 누리고 있습니다. 딸을 둔 엄마라면 누구나 공감하는 사실로, 아기자기한 재미가 있습니다. 학원에 나갈 채비를 하려고 화장대 앞에 앉으면 민효가 어디선가 달려와 빤히 쳐다보며 웃습니다.
"엄마, 이거 누구 거야? 엄마 거지?"
"응, 엄마 거."
립스틱을 가리키며 그렇게 묻는 것은 바르고 싶다는 뜻입니다. 민효는 '이거 할래, 저거 할래'라고 말하지 않고 늘 '누구 거야? 좋아?'라고 돌려 말합니다. 눈치가 빠른 아이가 돌려 묻는 게 재미있어 입술에 분홍색 립스틱을 발라 주면 내 무릎에 앉아 거울을 봅니다. 입술을 오므렸다 폈다 온갖 표정을 지으며 깔깔거리면 문에 기대서 우리 모녀를 보고 있던 상준이가 한마디 합니다.
"화장을 왜 시키노. 몸에 좋지도 않은 걸 해 달라고 해 주나."
매섭게 쏘아붙인 뒤 민효를 안고 나가 버립니다.

화장하는 걸 좋아하는 민효는 아빠 친구 계모임에서도 깜짝 스타로 활약했습니다. 어느 토요일 저녁, 손님상을 차리느라 정신이 없었습니다. 그러다 민효가 보이지 않는다는 걸 깨닫고 두리번거리며 찾는데 어두운 방 안에서 나옵니다.
"미노, 엄마 화장품 안 가지고 놀았쪄요."
가만히 보니 민효의 입술이 꽃분홍색으로 물들어 있고 얼굴이 반짝거립니다. 그 모습을 본 아빠 친구들이 귀엽다고 한마디씩 합니다. 곱게(?) 화장한 얼굴로 아빠 친구들 앞에서 배꼽 인사를 한 뒤 민효는 부끄러운지 내 치마를 잡고 뒤에 서서 한 사람씩 가리키며 말했습니다.
"할아버지야."
"아저씨."
"오빠."
머리가 벗겨진 친구는 '할아버지', 아빠 나이처럼 보이는 친구는 '아저씨', 목도리를 세련되게 맨 친구에게는 '오빠'라는 솔직한 반응에 우리 가족과 남편 친구들은 크게 웃었습니다. 아저씨들 앞에서 '나비야'를 열창한 뒤 3만 원의 용돈을 받았는데, 지폐 석 장을 들고는 바람같이 오빠들에게 달려가 "오빠야, 해"라고 말하며 한 장씩 던졌습니다.
옛말에 딸도, 아들도 키워 봐야 한다고 하더니 그 말이 그르지 않은 것 같습니다. 워킹맘으로 피로를 이기지 못해 간장약을 장기 복용하면서 살아가고 있지만, '세 아이 엄마'라는 이름을 지키기 위해 그 정도 수고로움은 '행복'으로 받아들이고 있습니다. 자식은 존재 그 자체만으로도 엄마에게는 큰 기쁨인 것 같습니다. 나에게는 소중한 선물이 셋이나 있으니 그 즐거움도 세 배가 아닐는지요.

세쌍둥이 자전거

초등학교 2학년 때, 자전거를 처음 봤습니다. 아버지의 커다란 자전거를 본 순간, 꼭 배워야겠다는 생각이 들어 온 세상이 깜깜해질 때까지 자전거를 탔습니다. 다리가 닿지 않아 자전거 안장에 앉지도 못하고 뒷좌석에 걸터앉아 페달을 밟으면서 바퀴를 굴렸습니다. 그렇게 자전거 바퀴를 굴리기 시작한 지 꼬박 3일째, 드디어 엉덩이를 좌우로 보조를 맞추며 어른 자전거를 타는 요령을 터득하게 되었습니다. 그날부터 지금까지 32년째 자전거를 타고 있습니다. 차를 운전하는 것보다 자전거를 타는 것이 즐거웠고, 늘 앉아서 일하는 나에게는 가장 손쉽게 할 수 있는 운동이었기 때문입니다.

어느 날 건희가 자전거를 사 달라고 조르기 시작했습니다. 건희는 어떤 목표가 생기면 하루 종일 조를 정도로 집요합니다. 아빠 엄마 할 것 없이 아무 일도 못할 정도로 쫓아다니며 괴롭히다 혼이 나도 결코 포기하지 않습니다. 끈기 있게 원하는 바를 관철시키는 건희에게 때로 역정을 내기도 하지만 결국 두 손 두 발 다 드는 경우가 대부분입니다.

"아버지, 자전거 사 줘요. 네? 자전거 사 주세요."

하루 종일 시달린 끝에 남편이 아이를 데리고 나갔습니다. 그리고 잠시 후 빨간색 어린이용 자전거를 사왔습니다.

"엄마, 자전거 타고 동네 한 바퀴 돌고 와도 돼요?"

"엄마, 자전거 타고 피아노 학원 가도 돼요?"

"엄마, 자전거 타고 동네 끝까지 갔다 와도 돼요?"

신이 난 건희는 자전거를 끌고 나가더니 그날로 타는 법을 배웠습니다. 건희의 자전거 사랑은 어린 동생에게도 옮아가 민효의 집 안 레이싱이 시작되었습니다.

"엄마, 뽀로로 누구 꺼야?"

"응, 민효 거지요."
민효는 오빠가 타던 뽀로로 퀵보드에 한쪽 발을 올리고 다른 발을 쿵쿵 구르며 온 집 안을 헤집고 다니기 시작했습니다. 건희와 둘도 없는 짝꿍이 되어 건희는 자전거를 타고, 민효는 뽀로로 퀵보드를 타며 밖에서 한참을 놀다 들어오곤 했습니다. 그러던 어느 날, 건희가 울면서 전화를 했습니다.
"엄마, 우왕~."
"왜? 무슨 일이야?"
"제가요, 흑흑, 피아노 학원에 갔는데, 자전거가 없어졌어요. 아무리 찾아봐도 없어요."
"누가 가져갔나 보네. 에이, 좀 단단히 매어 놓지."
건희는 다시 큰 소리로 울음을 터뜨렸습니다.
아마 자전거 열쇠를 바퀴에만 달아 놓아서 누군가 차에 싣고 가 버린 모양입니다. 건희는 그날부터 사흘 동안 온 동네를 헤매고 다녔습니다. 우리 동네에서 먼 아파트 단지 공원까지 몇 번을 갔다 왔을 정도로 애타게 자전거를 찾아다녔습니다. 그렇게 며칠이 지나 건희의 '자전거앓이'가 끝나 갈 무렵 이번엔 상준이가 자전거 타령을 하기 시작했습니다.
"엄마, 자전거 열쇠 좀 줘요."
"왜?"
"친구들하고 놀러 가려고요."
그날 저녁 상준이는 퇴근한 내가 가방을 내려놓기가 무섭게 푸념을 늘어놓았습니다.
"우와, 엄마. 자전거 어떻게 타고 다녔어요? 앞바퀴 브레이크도 안 되고 타이어도 바람이 다 빠졌던데. 그리고 여기저기 녹슨 거 모르셨어요?"

"이 녀석아, 엄마가 타고 다닌 지 좀 됐지만 바람이야 넣으면 되고, 자전거가 낡은 게 뭐가 문제니? 잘만 달리면 되지. 그게 낡아 보여도 15단 기어야. 게다가 요새 널린 중국산과 달리 국산이라 얼마나 잘 나가는데."
옆에서 보고 있던 남편이 한마디 지원 사격에 나섰습니다.
"아빠가 녹 닦는 약 사다 줄 테니 한번 닦아 봐라. 새것 같아질 게다."
다음 날 남편이 사다 준 녹 닦는 약을 들고 상준이는 신나게 현관문을 열고 나갔습니다. 하지만 예상대로 30분도 되지 않아 힘들기만 하고 닦이지도 않는다고 투덜거리며 집 안으로 들어왔습니다.

아이들이 자전거에 마음 쓰는 걸 보니 괜스레 짠해졌습니다. 나야 녹슨 자전거도 타이어에 바람만 있으면 개의치 않고 타지만, 상준이는 친구들과 고물 자전거를 타고 놀러 가고 싶진 않겠다는 생각이 들었습니다. 아이들이 갖고 싶다는 것을 매번 사 줄 수는 없지만 그래도 마음이 편치 않았습니다. 순간 친정아버지가 생각났습니다. 팬텀기 기술자 출신인 아버지는 무엇이든 고장 난 기계를 뚝딱 고쳐 주시곤 했기 때문입니다. 나에겐 늘 램프의 요정 지니와 같던 아버지에게 전화를 걸었습니다.

"아버지?"
"정애가?"
"건희가 자전거를 잃어버렸어요. 새것을 사 주자니 그렇고, 중고를 사자니 8만 원이나 달라고 하네요. 상준이도 자전거를 사 달라고 하는데."
"자전거? 여 많다. 내 구해 볼게."
아버지는 말이 끝나기가 무섭게 전화를 끊으셨습니다. 그리고 3일 후 아버지의 전화를 받았습니다.
"정애야! 자전거 우예 가져갈라 카노?"
"엥? 벌써 구했어요?"

"그래, 고물상에서 버린 자전거 가져다 닦고 고쳐 놨데이."
퀵서비스로 자전거를 실어왔습니다. 그런데 배달된 자전거는 모두 세 대였습니다. 거실에 나란히 놓인 세 대의 자전거를 보자 눈물이 핑 돌았습니다. 한 대도 아니고 세 대씩이나 고물상에서 집까지 끌고 가 수리하고 닦았을 아버지를 생각하니 가슴이 저릿저릿했습니다. 상준이 자전거는 흰색, 건희 것은 잃어버린 것과 똑같은 빨간색 접이식 자전거, 민효 자전거는 보조 바퀴가 달린 분홍색이었습니다.
손자 손녀가 세 명이니 자전거도 세 대를 보내야 한다고 생각하신 속 깊은 나의 아버지. 아버지의 마음이 담긴 중고 자전거는 이 세상 어떤 자전거보다 소중하고 빛나 보였습니다. 지금 당장은 아이들이 할아버지의 마음을 모른다 해도 언젠가 커서 이 글을 읽는 날이 오면 할아버지가 얼마나 힘들게 자전거를 구해 주셨는지 알아주지 않을까요?
눈이 쌓인 겨울입니다. 봄이 되어 아지랑이가 올라오면 상준이, 건희, 민효를 데리고 자전거를 타러 나가 보렵니다. 생각만 해도 마음에는 벌써 봄기운이 번지는 것 같습니다.

반가운 전화

사이버 한국외국어대학교에서 과목 조교를 맡고 있습니다. 보통 학교에서는 조교를 '튜터'라고 부릅니다. 학기마다 맡는 과목이 달라지지만 지금은 성은경 교수님 수업인 '초급 영문법' '토익 RC & Writing' '영어 발음 지도' 세 과목을 담당하고 있습니다. 한 학기에 한 과목당 내게 배정되는 학생 수는 대략 2백70~3백 명. 흔히 한 과목에 두 명의 튜터가 일하지만, 튜터를 해 본 결과 둘이 일하는 것이 효율적이지 않아 혼자 하고 있습니다. 그렇게 한두 해 지나면서 이젠 튜터 일에 푹 빠져 지내고 있습니다.

사이버 대학교 학생은 늦게 공부를 시작한 이들이 대부분입니다. 영어를 잘해 보고 싶어서 온 학생, 영어를 생업으로 삼은 학생 등 다양한 연령층의 학생이 저마다 다른 목표를 이루기 위해 공부하는 공간이라 '튜터'라는 직업이 그리 쉬운 일만은 아닙니다. 인터넷상으로 소통하다 보니 '글'이란 칼에 휘둘려 상처받기 일쑤입니다. 냉소적인 학생의 글에 상처받아 하루 종일 우울하기도 하고, 공부하는 게 힘들다는 쪽지에 마음 아파 잠을 못 이루기도 합니다. 어떤 식으로든 긍정적인 마인드로 공부할 수 있도록 도와주고 싶지만 말처럼 쉬운 일이 아닙니다. 한번은 1년 6개월 만에 한 학생에게 "튜터님, 잘 지내시죠? 제게 너무 힘든 텍스트가 있는데 해석 좀 도와주실래요?"라는 문자가 왔습니다.

이런 요청은 원칙적으로 거절해야 하지만 2년 전에 내 과목 학생이었기에 반가운 마음에 도와주고 싶었습니다. 하지만 메일을 열어 보고 깜짝 놀랐습니다. A4 용지 2페이지 반 분량이었는데, 이런저런 일상으로 짬을 내기 어려운 나에게는 쉽지 않은 일이었습니다. 모든 일과를 마친 일요일 저녁부터 새벽 3시까지 꼬박 작업해서 보내 주었습니다. 얼마 후 그 학생에게 전화가 왔습니다.

"튜터님, 바쁘지 않으세요?"
"어머, 안녕하세요."
"주제넘은 생각인지 모르지만, 공부하는 입장이니 이런 자료를 보시면 도움이 될 것 같아서요."
"보내 주신 책은 고맙게 볼게요. 근데 당분간 다른 사람이 쓴 수필은 보지 않으려고요."
"왜요, 튜터님?"
"다른 사람이 쓴 글을 보면, 나도 모르게 내 글에 그 느낌이 묻어날까 봐요. 제 생각이랑 느낌을 그냥 제 방식으로 표현하고 싶어요. 하지만 가지고 있디 원고 넘기면 꼭 읽어 볼게요. 정말 고맙습니다."

문학비평을 공부하다 내 생각이 나서 자료를 보내 주고 싶었다는 전화였습니다. 튜터를 하다 보면 순수한 열정으로 공부하는 학생들을 만나게 됩니다. 나보다 다섯 살은 많을 텐데도 모르는 건 모른다고 솔직하게 인정하고 도움을 청하는 '학생'의 자세를 가진 분이었습니다. 공부하다 재미있게 본 책을 나와 함께 나누고 싶다는 그 마음만으로도 행복했습니다.

일과 공부, 육아로 꽉 짜인 일상. 그중 무엇 하나라도 삐끗하면 팽팽한 줄이 끊어져 버릴 것 같은 순간에도 이런 전화 한 통이면 날아갈 듯 기분이 좋아집니다. 내 도움으로 힘을 얻었다는 인사를 받을 때마다 나 역시 당신이 있어 힘이 난다고 이야기해 주고 싶어집니다. 타인과 나눌 게 아직 많이 남아 있다는 것을 알게 되는 하루하루가 소중하게 느껴집니다.

성깔쟁이 민효

"민효 퀵서비스로 보낼라 캤데이."
어느 날 아침 친정엄마가 웃으며 전화를 하셨습니다. 의아해하는 나에게 어머니는 이야기보따리를 풀어놓았습니다. 그릇에 과자를 담아 줬는데 무엇 때문에 토라졌는지 갑자기 그릇을 패대기쳐서 과자를 온 방에 날려 버렸다는 얘기였습니다. 할머니한테 엉덩이를 한 대 맞고는 엉엉 울더랍니다. 한참을 울더니 할머니에게 달려와 와락 안겨서는 "할머니, 민효 사랑해, 안 사랑해?"라고 묻더랍니다.
정 많고 애정 표현 잘하는 민효는 한 번씩 오빠 건희를 꼼짝 못하게 합니다. 한번은 건희랑 민효만 집에 두고 남편과 볼일을 보러 나간 적이 있습니다. 집 나선 지 한 시간쯤 지났을 때 천둥번개가 치며 캄캄해졌습니다. 집에 남겨 둔 아이들을 걱정하는 찰나 건희에게 전화가 왔습니다.
"손가락 하나 움직일 힘도 없어요. 민효 보느라 힘이 다 빠졌어요."
서둘러 집에 가 보니 민효가 울면서 달려왔습니다.
평상시 질문에 다 대답해 주지 못할 정도로 궁금한 게 많은 건희인데, 민효는 한술 더 떠서 본격적으로 말을 배우기 시작하자 우리 집은 참새를 키우는 것처럼 시끄러워졌습니다. 둘이 앉아 놀기 시작하면 혼이 쏙 빠지는 것 같습니다. 상준이까지 가세하면 집은 운동장이 됩니다. 아파트 1층에 살기 때문에 상준이와 건희는 밤낮으로 공놀이를 합니다. 남자애 둘이 공으로 야구했다 축구했다 하는 것만으로도 정신이 없는데 민효는 입으로 경기에 참여합니다. 상준이가 민효를 쫓아가면 까르르 웃으며 도망가면서 집 안을 아수라장으로 만듭니다. 깔딱깔딱 넘어가는 민효의 웃음소리, 장난스럽게 변한 상준이 목소리, 목청 높은 건희의 목소리까지…….
그런 광경을 쳐다보는 사이 우리 부부는 만화 속 캐릭터처럼 변해 갑니다. 얼굴색이 검게 변하고 머리 위에 뽀글뽀글 까만 먹구름이 딸린 얼굴로 침대 위에 멍하니 기대앉아 있기 때문입니다.
"건희가 말이 많아 힘들다 했더니 민효는 더하네."
그때 밖에서 아이들이 속닥거리는 소리가 들려왔습니다.
"어, 피난다."
"어디 봐. 진짜네."
두 녀석이 민효를 데리고 들어왔는데, 한쪽 콧구멍에서 코피가 흐르고 있었습니다. 상황은 심각한데 우리 가족 모두 그 모습에 웃음보가 터져 깔깔거리기 시작했습니다. 오빠들이 아빠 운동 기구인 '꺼꾸리'에 올라가 운동하고 있었는데, 비키라는 경고에도 꿋꿋이 서 있던 민효가 상순이와 부딪친 것입니다. 꽤나 아플 텐데 민효는 울지도 않고 나를 보고 있었습니다.
"민효야, 아파?"
"아니, 근데 코에서 물 나와요."
"민효야, 이거 피야. 물 아니야."
"피?"
아무것도 모르는 민효는 코를 찡긋합니다. 침대에 민효를 기대어 앉혀 두고 휴지를 작게 잘라 콧구멍을 막았습니다. 1분을 못 참고 오빠들이랑 놀고 싶어 휴지를 쑥 빼고는 생쥐처럼 빠져나갑니다.
"엄마, 물…… 아니, 피 안 나와."
"오빠랑 놀래? 안 울 거지?"
내 말이 끝나기도 전에 민효는 쏜살같이 거실로 뛰쳐나갑니다. 우리 부부는 그런 민효를 바라보다 다시 웃음을 터뜨렸습니다.
"어째 코피가 나도 안 우냐. 하하하."

설빔

금요일 저녁, 친정엄마가 민효를 데리고 집에 들어온 순간 깜짝 놀랐습니다. 작년에 산 원피스가 벌써 낡아 버렸기 때문입니다.
세 아이를 키우는 나에게 옷 쇼핑은 꼭 즐거운 일만은 아닙니다. 유독 키가 큰 상준이의 옷을 또래 중에서도 작은 건희에게 물려주려면 적어도 장롱에 3년은 묵혀야 합니다. 게다가 요즘 한창 살이 토실토실 오르는 건희는 윗옷은 한 치수 크게, 바지는 조금 짧게 입혀야 해서 여간 까다로운 조건이 아닐 수 없습니다. 상준이는 그런 건희에게 툭하면 안테나 황금 비율이라고 놀려 댑니다. 머리에서 허리까지와 허리에서 발까지 비율이 일대일이라는 뜻인데, 그 말이 농담으로만은 들리지 않을 정도입니다.
내친김에 밤 11시가 다 되어 대형 마트로 향했습니다. 친정엄마가 오늘 서문시장에서 사다 준 민효의 한복이 생각나 먼저 속치마와 댕기, 하얀 털이 달린 배자를 합쳐 5만 원 주고 샀습니다. 후다닥 아동복 할인 매장에 가서 민효 옷을 고르기 시작했습니다. 11호가 딱 맞지만 내년엔 입힐 수 없을 테니 손 하나만큼 소매가 길지만 13호를 구입했습니다. 빨간색 모직 코트, 물방울무늬 분홍 재킷, 분홍색 니트, 셔츠 두 장 등 민효 옷을 먼저 구입한 뒤 건희 옷을 골랐습니다. 상준이 옷처럼 심플하거나 난해한 셔츠를 섞어 다섯 벌을 후다닥 샀지만 동선을 잘못 잡은 덕에 장난감 매장을 맞닥뜨렸습니다. 결국 민효에게 동물원 레고, 건희에게는 집 만드는 레고를 사 주는 출혈이 생겼지만 '설 선물'이라는 다짐을 아이들에게 받아 냈습니다.
집에 오니 늦게 퇴근한 남편이 잠을 자고 있었습니다. 깜짝 놀라게 해 주고 싶은 마음에 불을 켜고 "여보! 눈 감아! 절대 뜨면 안 돼!"라고 말했습니다. 남편은 눈을 가리고 상준이와 건희는 킥킥거리며 아빠 옆에 앉아 있었습니다. 짠! 눈을 뜬 순간 남편은 한복을 곱게 차려입은 민효의 모습에 놀라 크게 웃었습니다. 이제 제법 아가씨 태가 나서 검은색 치마에 빨간색 저고리를 입고 댕기를 맨 민효는 정말 어여쁜 아씨 같았습니다.
"민효야, 아빠한테 '새해 복 많이 받으세요' 인사해 봐!"
민효는 두 손을 가지런히 모은 채 엉덩이를 번쩍 들고 허리만 까딱 굽혀 인사했습니다. 엉덩이를 바닥에 내려앉히자 이번에는 그 자세로 일어날 줄 몰라 계속 머리를 박고 있습니다. 일어나라는 말에 고개만 빠끔히 드는 민효를 남편은 "아이고, 우리 민효 예쁘기도 하지. 이리 와 봐. 아빠가 뽀뽀해 줄게!"라고 말하며 끌어당깁니다.
건희도 한복을 입고 민효 옆에서 넙죽 절하더니 능청스럽게 웃습니다.
"엄마, 세뱃돈 줘!"
"나도 줘. 오빠야, 근데 세배똔이 뭐야? 응?"
민효는 졸졸 건희를 따라갑니다. 새벽 2시가 다 되도록 민효와 건희는 새로 산 레고로 동물원을 만들고 탑을 쌓느라 정신이 없습니다.
"엄마, 민효랑 내가 만든 공룡 공연장이야. 봐 봐라."
"치익~ 치치~."
"민효야, 밀지 마. 공연장 무너지잖아."
아이쿠, 민효와 건희가 공룡 공연장을 만든 곳이 내 침대 위였습니다. 한창 노느라 정신없는 두 아이 덕분에 잠은 다 잤구나 싶었습니다. 정신없는 광경을 바라보며 미소 짓다 두 아이가 쏜살같이 거실로 나간 틈에 슬그머니 이불을 깝니다. 오늘은 엄마가 동물원 불을 꺼야겠습니다.

긴급 전화

대학원 수업을 듣는데 계속 진동이 울렸습니다. 줄기차게 울리는 진동 소리에 '집에 무슨 일이 있나?' 하는 생각이 들며 불안해졌습니다. 연달아 여덟 번은 온 것 같은 전화기가 신경 쓰여 수업이 끝나자마자 집에 전화를 걸었습니다.

"여보세여?"

"민효야, 엄마야."

"엄마, 미노 카레빠빠 먹었쩌. 할부지, 엄마야. 민효가 받았쩌. 엄마, 까까 사와. 알았찌?"

"응."

무슨 큰일이 났나 걱정한 터라 전화를 끊으며 웃음이 났습니다. 전화를 받아 놓고 온갖 부산을 떨면서 엄마 전화라고 말하는 모습이 얼마나 귀여운지 모릅니다. 민효의 전화를 받을 때마다 내가 딸에게 희망과 꿈을 주는 존재라는 걸 알게 됩니다. 아파서도 안 되고, 아이를 위해 오래 살아야 한다고 느낍니다. 세상 모든 부모가 그렇듯 나도 그 부모의 줄에 서서 짧은 전화 한 통에 '행복하다'고 말할 수 있는 엄마입니다.

일주일에 두 번씩 대학원 수업을 듣기 위해 대구와 서울을 오가는 나. 늘 밤에 서울역 작은 슈퍼마켓에서 군것질거리를 삽니다. 보통 때는 물 한 통, 피로가 겹겹이 쌓인 수요일 11시 막차를 탈 때는 맥주 한 캔과 쥐포 한 봉지를 삽니다. 이때 꼭 민효가 좋아하는 초콜릿이 듬뿍 들어간 칸초 과자도 함께 삽니다. 샘이 많은 건희를 위해서도 민효 것과 같은 과자를 고릅니다. 그날따라 상준이가 좋아하는 감자깡과 새우깡이 없어서 전화를 걸었습니다.

"서울 슈퍼에 그런 과자도 없노?"

퉁명스러운 상준이의 대답에 '서울이면 다 좋다고 생각했나?' 싶어 웃음이 났습니다. 결국 상준이가 세 번째 후보로 내세운 과자를 사서 기차를 탔습니다. 집에 도착한 시각은 새벽 1시 30분. 이 시간이면 발이 퉁퉁 부어 신발이 꽉 낄 정도입니다. 그래도 잠든 아이들의 모습을 보면 이틀간 쌓인 피로가 싹 가시는 것 같습니다.

잠든 아이들 머리맡에 과자를 하나씩 놓은 뒤 상준이 머리를 한 번 쓰다듬고 뺨에 뽀뽀를 해 줬습니다. 늘 동그랗게 몸을 말고 자는 건희는 바로 눕힌 뒤 엉덩이를 톡톡 두들겨 줬습니다. 민효는 자는 모습도 늘 천방지축입니다. 베개 위에 가로 본능인 양 쭉 뻗어 자거나 상준이 옆구리에 머리를 박고 잡니다. 그 귀여운 모습에 참지 못하고 뽀뽀 세례를 퍼부었습니다.

"민효야, 엄마야."

잠자던 민효가 단풍잎 같은 손을 쓰윽 꺼내 내 목을 끌어안습니다.

"민효야, 엄마 얼마큼 좋아?"

민효는 비몽사몽 중에도 자동으로 오른손을 들어 허공에 동그라미를 그립니다.

"이만큼 쪼아."

민효에겐 그 동그라미가 표현할 수 있는 가장 큰 크기입니다. 지친 이틀을 보낸 후에 세 아이가 올망졸망 모여 자는 모습을 보면 피로가 말끔히 가실 만큼 큰 위로를 받습니다. 나를 필요로 하는 사람들, 그 중심에 소중한 아이들이 있습니다. 엄마로서 최선을 다해 살아가야 하는 나의 소명을 일깨우면서 말입니다.

억울한 둘째

'a spoiled child.'
내 일상에서 '응석받이'가 누구냐고 묻는다면 둘째 건희라고 말해야 할 것 같습니다. 불과 한 달 전까지만 해도 건희는 딱 그랬습니다.
툭하면 물건을 잃어버리고 학교 준비물을 챙기지 않아 엄마가 학교에 불려 다니게 하는 아이. 늘 지각하는 아이. 공부방 시간표를 수백 번 외우고도 월·수·목요일 3시를 3시 30분으로 착각하는 아이. 매일 가야 하는 피아노 학원에 한 달에 두 번쯤 가는 아이…….
'애가 참 정신이 없네' '어떻게 생겨 먹어서 저래?' 남들은 건희를 보고 이렇게 말할지도 모릅니다. 하지만 그런 건희의 행동은 엄마의 부재에서 비롯되었다는 사실을 가슴 아프게 인정합니다. 집보다 밖에서 보내는 시간이 많은 엄마, 빨라야 밤 9시에 귀가해 허겁지겁 집안일을 하고 한 번도 곁에서 자 주지 않는 엄마, 늘 불 꺼진 거실에서 스탠드를 켜 놓고 일이나 공부를 하는 엄마입니다.
엄마 손이 가장 필요한 초등학교 1~2학년 나이에 꼭 있어야 하는 엄마가 건희에게는 없었습니다. 민효를 입양한 후에는 막내라는 유리한 입지를 한순간에 박탈당한 낭패감까지 느꼈을지도 모릅니다. 초등학교 3학년인 지금도 습관으로 굳어진 듯 여전히 어린애처럼 굴어 엄마 손이 많이 가게 합니다. 빈집에 혼자 두기 안쓰러워 오후 5시까지 공부방에 있게 하는 등 방과 후 스케줄을 잡았지만 건희는 툭하면 말썽을 부렸습니다. 내 탓이라고 생각하면서도 더 이상 방관해서는 안 될 것 같아 건희를 불러 단단히 약속하게 했습니다.
"책가방 챙기고 숙제하는 건 스스로 알아서 해야 해. 다른 건 몰라도 학원 시간은 꼭 지켜야 하고. 만약 공부방, 피아노 학원, 주산 학원 선생님한테 네가 오지 않았다는 연락이 오면 그날은 학원 하나당 손바닥 20대씩 맞는 거야. 알았지?"
한 이틀 조용하더니 드디어 사달이 났습니다. 눈이 내린 날 친구들하고 놀다가 모든 학원을 빼먹은 것입니다. 단단히 다짐을 받긴 했지만 겁 많은 아이를 체벌하는 건 좋지 않을 것 같아 부드럽게 말문을 열었습니다.
"건희, 오늘 학원 빠졌지?"
"응."
"왜 그랬어?"
"친구들하고 놀다가 깜빡했어."
"알림장은?"
"안 가져왔어. 학교에 있어."
"그럼 숙제는 뭐니?"
"몰라."
"학교 홈페이지 들어가 봐. 얼른!"
"엄마, 지금 드라마 하는데 그거 보고 하면 안 돼?"
건희가 좋아하는 드라마가 10시 10분에 하는데 그걸 보면 11시. 대체 이 아이가 무슨 생각을 하며 사나 싶어 순간 머리가 뜨거워졌습니다. 머리 끝까지 화가 나서 소리를 질러 댔습니다.
"상준아, 회초리 가져와. 이 녀석이 숙제도 안 해 놓고 텔레비전을 본다고? 정신이 있어, 없어!"
공부하고 있던 상준이가 회초리를 찾아오고, 민효는 조르르 달려와 큰오빠 바지춤을 잡고 빠끔히 내 눈치를 살폈습니다.
"엄마, 건희 오빠 울어?"
"나가!"
처음으로 민효에게 소리를 지르자 깜짝 놀란 상준이가 "민효야, 오빠 방에 가자"라며 아이의 손을 잡고 나갔습니다.

"어디 맞을래?"

"엄마, 다시는 안 그럴게. 나 안 때리면 안 돼?"

건희는 울먹거리며 말도 제대로 잇지 못했습니다.

"안 돼. 약속했잖아. 엄마는 공부 일등 하라고 안 해. 대신 약속은 지켜야지. 너도 학원 빠지지 않겠다고 약속했고, 엄마도 네가 학원 빠지면 때리겠다고 약속했으니까 오늘은 맞아!"

건희는 서서 엉엉 울었습니다. 손을 뻗자 뒤로 주춤 도망가는 아이를 기어이 잡아 침대 끝에 세워 두고 허벅지를 때렸습니다. 건희에게 몇 대인지 세라고 했습니다.

"60. 엄마, 아파. 엉엉."

"59······. 엄마, 진짜 아파."

"······."

"30······. 엉엉엉."

60부터 1까지 내려 세면서 건희는 벌벌 떨었습니다. 그런 건희를 이를 꼭 깨물고 때렸습니다. 도망갈 때마다 팔, 다리, 허벅지도 맞았습니다.

"엉엉엉. 엄마, 아파서 못 걸어. 죽을 것 같아. 잘못했어. 엉엉."

정말 독하게 마음먹고 건희 입에서 마지막 '하나'라는 말이 나올 때까지 때렸습니다.

60대. 건희는 60대를 맞고 바닥에 널브러져 울고 또 울었습니다. 나도 회초리를 집어던지고 바닥에 주저앉아 울었습니다. 새벽 1시, 상준이가 방에 들어왔습니다.

"상준아, 네가 건희 좀 봐줘. 엄마······ 정말 죽을 것 같이 힘들다."

눈물이 쏟아져 말을 제대로 이을 수 없었습니다. 상준이는 옆에서 눈물을 쏟으며 벌벌 떠는 건희를 한 대 쥐어박았습니다.
"인마, 니 오늘 형아한테 죽었어. 일루 와."
그러고는 자기 방으로 데려가 또 혼을 낼 태세로 건희의 팔을 당겼습니다.
"건희는 내가 인간 만들게. 엄마는 민효 보고 살아."
그 말에 가슴이 와르르 무너졌습니다.
이제 막 중학교에 입학한 상준이가 하는 말이 가슴에 콕 박혀서 다시 털썩 주저앉아 통곡했습니다. 내가 무슨 죄가 있어 매일 쉬지도 못하고 이렇게 사느냐고 한탄하기도 했지만, 따지고 보면 결국 내가 좋아서 그렇게 산 것이었습니다. 아들 녀석 하나 건사하지 못하고 이제 와서 큰아들에게 떠넘기는 내가 한심했습니다. 그런 나를 위로하는 상순이를 보며, 아들이 저렇게 크도록 엄마로서 해 준 게 없다는 생각에 눈물을 그칠 수가 없었습니다.
'난 정말 못난 사람이구나. 상준이가 마음 쓰는 것만큼도 못한 엄마구나.'
건넌방에서 두 녀석의 울음소리가 들렸습니다. 상준이가 울면서 고래고래 소리를 질렀습니다.
"왜 이렇게 때렸냐고! 왜 애를 이렇게 심하게 때려! 이래 가지고 수영장에 가면 애들이 놀릴 게 빤한데. 엄마는 왜 애를 이 지경으로 만들어서……."
한참 후 상준이가 문을 열고 들어와 말했습니다.
"약 줘. 내가 발라 줄 끼다."
바셀린을 들고 나간 상준이는 계속 울면서 건희에게 약을 발라 줬습니다. 새벽 3시까지 그렇게 나 자신을 원망하며 눈물을 흘렸습니다. 흐릿한 눈에 옆에서 지쳐 잠든 민효의 모습이 들어왔습니다.

다음 날 아침 눈을 뜨니 8시 40분이었습니다. 개학한 지 일주일이 지나지 않은 토요일이었습니다. 도저히 건희를 학교에 보낼 수 없어 하루 종일 꼭 안아 주었습니다. 그날부터 지금까지 상준이가 건희의 숙제와 학원 시간표를 체크하고 있습니다. 이제 건희는 가끔 지각은 해도 학원을 빠지는 일은 없습니다. 일기도 매일 쓰고 학교 준비물도 꼼꼼히 챙깁니다.

얼마 전부터는 민효에게 그림책을 읽어 주는 아르바이트를 하고 있습니다. 하루에 건희가 받는 돈은 5백 원입니다. 『사과가 쿵』이라는 책을 들고 화장실에서 응가하는 민효 앞에 앉아 "오빠가 계속 읽어 줄게. 들어봐"라고 말하던 건희.

민효를 입양한 후로 귀염둥이 막내 자리에서 밀려난 건희. 매일 아침 혼자 벌떡 일어나는 민효와 달리 건희는 엄마 등에 업혀 식탁에 오는 아이입니다. 민효는 자기 손으로 밥을 떠먹지만 건희는 입을 벌린 채 엄마에게 밥을 먹여 달라고 합니다. 동생이 쥐어박아도 혼내지 못하고 쪼르르 달려와 이르기만 하는 어수룩한 둘째. 못난이 키 작은 땅콩 건희지만 내겐 누구보다도 사랑스럽고 예쁜 아들입니다.

아들을 향해 회초리를 든 그날은 못난 엄마가 스스로에게 회초리질을 한 날로 기억될 것입니다. 가끔 생각합니다. 아래위로 치이며 피해 의식도, 욕심도 많아진 건희가 얼마나 힘들지. 입양을 생각하는 가정이라면 이런 일상의 문제도 아이의 성격에 맞게 잘 조율해 나가야 하지 않을까 생각합니다.

외국인 아줌마

아침 시간에는 늘 전쟁터를 방불케 합니다. 지금은 친정아버지가 와 계셔서 아이들을 깨우고 밥상 차리는 것을 도와주지만 결국 음식을 만들고 아이들 옷가지 챙기는 일은 내 몫입니다.
"엄마, 옷 어디 있어?"
"엄마, 어제 벗어 놓은 바지 못 봤어? 뭐? 빨았다고?"
상준이는 한창 외모에 민감한 나이라 아침마다 옷 타령이 심합니다. 정신없는 엄마가 허리띠, MP3 할 것 없이 세탁기에 넣고 돌려 버려 불만이 이만저만이 아닙니다.
건희는 굼벵이처럼 느려서 밥 한 공기를 50분에 걸쳐 먹습니다. 겨우 밥을 먹은 뒤에는 헤어 에센스를 들고 와 "엄마, 이것 좀 뿌려 줘. 내 머리 떴나 봐"라며 들들 볶습니다.
그렇게 정신없는 아침 시간, 기어이 일이 터졌습니다.
"엄마, 큰일 났어. 형이 내 신발주머니 들고 갔어."
"응?"
상준이가 정신없이 건희 신발주머니를 들고 간 것입니다. 빨아 놓은 다른 실내화를 줘서 건희를 학교에 보내고 나니 전화벨이 울렸습니다.
"엄마, 신발주머니!"
"와서 가져가."
"에이, 장난하나. 엄마, 거 갔다 오면 지각이란 말이야."
뚝, 그러고는 전화가 끊겼습니다. 그때부터 정신이 하나도 없었습니다. 허겁지겁 손에 잡히는 대로 옷을 주워 입고 자전거 열쇠를 찾아 들고 나가 고물 자전거를 타고 달리기 시작했습니다.
등굣길에 수많은 아이가 학교를 향하고 있습니다. 뽀로롱~ 뽀로롱~. 자전거 벨을 울리며 열심히 페달을 밟는데, 학교 앞에 서 있는 상준이가 보입니다. 가까이 다가갔는데도 상준이는 나를 알아보지 못했습니다. 마음이 급한 탓인지, 자전거 바퀴의 바람이 빠진 것인지, 그것도 아니면 육중한 무게를 견디지 못해서인지 페달을 밟아도 속도가 나지 않았습니다. 겨우 신발주머니를 건네고 집에 도착해 현관문을 여니 8시 15분이었습니다.
거실에서 옷을 입던 민효가 나를 보더니 고개를 갸우뚱합니다.
"엄마, 왜 바지 안 입었쪄?"
"응?"
그제야 왜 상준이가 나를 알아보지 못했는지, 꼬맹이 학생이 왜 나를 보고 깜짝 놀랐는지 알게 되었습니다. 정신이 없어서 바지를 입는다는 것이 레깅스를 신은 것입니다. 레깅스만 입고 거의 20년 된 데님 패딩 점퍼를 걸치고 옷에 달린 모자를 눌러써서 아무도 알아보지 못한 것입니다. 생각해 보니 얼굴이 화끈거렸습니다.
다음 날, 그 꼬맹이 학생이 학원에 와서 놀려 댔습니다.
"쌤, 애들이 나보고 외국인 아줌마 아느냐고 물어봐요."
그날 아이들 눈에는 이국적인 옷차림의 외국인 아줌마로 보였나 봅니다. 희한한 차림으로 수많은 아이들을 헤치며 달려간 것이 창피하긴 하지만, 그 덕에 상준이가 선생님에게 꾸중을 듣지 않았으니 그 정도 부끄러움은 얼마든지 감당할 수 있습니다.
'모자 때문에 얼굴은 안 보였겠지? 큭큭.'

라디오

2010년 1월 MBC 라디오『지금은 라디오 시대』에 편지를 보내 방송을 타는 행운을 잡았습니다. 설날 특집 방송에 나갈 네 편의 사연 중 하나로 선정되었다는 연락을 받았습니다. 설날 특집 방송이라 일주일 전에 녹음하기 위해 전화로 인터뷰를 했습니다. 진행자와 대화를 나누고 민효를 바꿔 줬는데 제법 또박또박한 목소리로 대답하더니 갑자기 노래 두 곡을 연달아 불렀습니다.

일주일 후, 설 다음 날이라 친정에 새해 인사를 하러 가 있었습니다. 친정아버지가 잠시 나간 사이에 방송이 나왔는데, 내가 쓴 편지를 읽을 때 어머니는 눈물을 훔치셨습니다. 덩달아 나도 눈물을 흘리다가 민효 목소리가 나오자 어머니와 함께 숨이 넘어가도록 웃었습니다.

어젯밤 전화를 걸어 "한 번도 민효를 네가 낳지 않은 손녀라고 생각해 본 적 없데이. 우째 저레 예쁘노. 요새는 민효가 너 아버지랑 내 사는 낙이다"라며 즐거워하신 친정엄마입니다. 민효의 노랫소리에 진행자가 추임새를 넣자 그저 기쁜 마음에 어쩔 줄 몰라 하셨습니다. 집으로 돌아온 아버지도 녹음한 방송을 듣고 또 들으며 눈물을 흘리셨습니다. 손녀 손자 중에서도 유독 민효에 대한 사랑이 각별한 아버지는 민효의 목소리만 들어도 가슴이 벅차오르나 봅니다.

그날 저녁 큰외삼촌 아들이 결혼할 여자를 소개한다고 해서 외가 식구들이 큰외삼촌 댁에 모였다고 합니다. 친정아버지는 친척들에게 민효가 나오는 방송을 들려주려고 고물상에서 오래된 녹음기를 주워와 고쳐 들고 가셨다고 합니다. 친척들이 모인 자리에서 방송을 틀어 주자 친정엄마, 큰외삼촌, 작은외삼촌 할 것 없이 눈물바다가 되었다고 들었습니다. 사연을 듣고 울다가 민효의 노랫소리가 나오면 눈물을 훔치며 웃음을 터뜨렸다고 합니다.

방송이 나가고 3일 후 봉투 하나가 우편으로 도착했습니다. 의아한 마음에 열어 보니 뜻밖에도 조영남 선생님의 책 한 권과 CD가 들어 있었습니다. 개구쟁이 같은 그분의 얼굴 옆에 '이정애와 박민효'라는 글씨가 쓰여 있었습니다. 책을 펼쳐 보는데 편지 봉투 하나가 툭 떨어졌습니다. 그 봉투를 열어 본 순간 눈물이 핑 돌았습니다. 반쯤 접혀 너덜너덜한 10만 원짜리 수표 한 장이 들어 있었습니다. 그제야 그 봉투의 의미를 알게 되었습니다. 방송에서 조영남 씨가 "민효, 무슨 장난감 갖고 싶어?"라고 물었고 민효는 잠시 고민하다 작은 목소리로 "소꿉놀이"라고 대답한 기억이 떠올랐기 때문입니다.

1년 365일 온갖 슬프고 재미있고 감동적인 사연에 묻혀 사는 분이기에 더욱 그분의 세심한 배려가 가슴에 와 닿았습니다. 수많은 사람이 '아버님'이라고 부를 정도로 우리 서민에게는 친숙한 분이지만, 이렇게 한 청취자에게 선물을 보내 주는 건 여간 마음을 쓰지 않고는 힘든 일일 것입니다. 그날 저녁 민효가 그토록 소원하던 소꿉놀이 장난감과 쇼핑 키트를 인터넷으로 주문했습니다.

며칠 후, 텔레비전을 켰다가 조영남 씨가 출연한 방송을 아이들과 함께 보게 되었습니다.

"엄마, 저 사람이 민효한테 선물 사 준 사람이가?"

건희가 작은 눈을 반짝거리며 물었습니다.

"저 사람이가?"

상준이도 아는 척을 했습니다.

"응. 멋있지? 자유로운 영혼처럼 보이지 않니?"

그때 조영남 씨가 벌떡 일어나 데뷔곡을 불렀습니다. 두 아들도, 민효도 입을 헤벌리고 그의 열창에 빠져들었습니다.

"저렇게 유명한 사람이 민효한테 선물 줬단 말이제? 우와! 민효 좋겠다."
"조영남 아저씨, 정말 노래 잘하시네. 가수였나?"
하루 텔레비전 시청 시간이 정해져 있는 건희와 상준이는 조영남 씨가 어떤 분인지 사실 잘 몰랐습니다. 하지만 그의 노래를 듣고는 부러운 눈으로 민효를 쳐다봤습니다. 영문을 몰라 눈을 동그랗게 뜨는 민효지만 언젠가 자신이 누구에게든 사랑받는 아이라는 걸 알게 되지 않을까요?
대학원 첫 수업이 있는 날, 서울역에 내리자마자 퀵서비스를 불렀습니다. 지난가을 두 아들 녀석과 함께 담근 모과차를 조영남 씨에게 보내 드리기 위해서입니다. 제법 무거운 모과차 단지를 보자기에 싸서 서울까지 들고 왔습니다. 공연이나 방송 스케줄이 많은 그분에게 좋은 선물이 될 것 같아서입니다. 쪽지 하나 넣지 못하고 달랑 포장만 해서 급하게 보내 드렸지만 제 마음은 전해지지 않았을까요? 값비싼 선물은 아니지만, 모과는 1년에 한 번 늦가을에만 구할 수 있습니다. 그때 때맞춰 담갔다 다음 해 햇모과가 나올 때까지 아껴 마시는 소중한 차입니다. 특히 목을 많이 쓰는 내게는 그만한 약이 없을 정도로 귀중한 약차입니다. 조영남 씨에게는 평범한 차일지 몰라도 그렇게나마 감사 인사를 전하고 싶었습니다. '민효를 사랑해 주셔서 감사합니다. 잘 키우겠습니다'라고. 선생님도 그런 제 마음을 읽으셨을 거라고 믿고 싶습니다.
민효는 그렇게 가족은 물론 다른 사람들에게도 사랑받으며 예쁘고 반듯한 아이로 잘 자라고 있습니다.

PART
04

PART
04

거꾸로 바라보기

낮잠을 자다 꿈을 꾸었습니다.
새파란 빛을 뿜어내는 눈부신 고등어 수백 마리를 보았습니다.
순간, 그 고등어를 던져 버리고 싶은 충동을 느꼈습니다.
내 마음을 읽기라도 한 듯 어부가 고등어를 공판장 바닥에 던져 버렸습니다.
그런데 이게 웬일일까요?
바닥이 온통 고등어로 덮이자 그 서슬 퍼런 푸른빛이 광채로 변했습니다.
꿈속이었지만 눈앞의 황홀경에 멍해졌습니다.
고등어는 그 자체로 아름답기 때문에
더러운 곳에 던져져도 바닥까지 아름다워 보이는 것이 아닐까요?
물속에 있는 고등어만 아름다운 것은 아닐 겁니다.
우리의 고정관념도 흔들어 볼 필요가 있습니다.

역지사지

민효의 백일 무렵, 입양 기관에서 전화가 왔습니다.
"어머, 소장님, 웬일이세요? 그간 잘 지내셨지요?"
"선생님도 잘 지내시지요? 민효는 잘 크나요?"
"네. 다음 주가 백일이에요. 시간 정말 빠르네요. 얼마나 많이 컸는지 몰라요."
입양하고 처음 듣는 목소리라 반가움에 웃음이 났습니다. 그런데 조금 이상했습니다. 소장님이 내 이야기를 건성으로 듣고 있다는 생각이 들어 되물었습니다.
"소장님, 무슨 일 있으세요?"
그제야 소장님은 민효를 낳은 엄마가 입양을 보낸 뒤 아이가 보고 싶어 마음의 병이 깊어졌다는 이야기를 털어놓았습니다. 민효 엄마는 정신병원에 입원 중이고, 아빠는 매일 기관에 찾아와 아기를 돌려달라고 한다고 했습니다. 그 후로는 무슨 이야기를 듣고 있는지 알지 못할 만큼 넋이 나가 버렸습니다. 민효의 엄마가 병이 났다는 것보다 민효를 다시 보내야 할지도 모른다는 생각에 눈앞이 캄캄했습니다.
"의사 소견서를 가지고 오라고 해 주세요. 아기 엄마의 치료에 도움이 된다면 민효를 보게 해 줄게요. 하지만 아이를 키울 준비가 안 된 미성년자에게 민효를 맡길 수는 없습니다. 우리가 민효를 파양하는 문제에는 절대 동의할 수 없습니다."
논리적으로 대답했지만 흐르는 눈물을 주체할 수가 없었습니다. 민효를 그리워하는 당신의 마음을 헤아리기보다는 내 딸을 이대로 잃을지도 모른다는 생각에 방어하느라 바빴습니다. 울음을 그치지 않으니 소장님은 더 말을 잇지 못하고 법적으로 파양은 있을 수 없는 일이니 계속 아기 아빠가 찾아오면 강경히 대응할 것이라고 말한 뒤 전화를 끊었습니다. 전화를 끊자마자 남편에게 전화를 걸었습니다.

"여보……."

"뭔 일 있나? 왜 그러는데? 진정하고 말을 해라."

"여보, 어떡해. 우리 민효 불쌍해서 어떡해."

한참을 꺼이꺼이 운 뒤 전후 사정을 설명했습니다. 남편은 이야기를 듣고 소장님과 직접 통화해 보겠다며 전화를 끊었습니다. 어떻게 입양 기관에서 입양 보낸 부모의 이야기를 이런 식으로 전하는지 항의했다고 합니다.

지금은 그때 그렇게 대응한 것을 너무나 후회합니다. 돌이켜 보면, 그때 우리는 민효의 엄마와 아빠로서 딸아이의 행복보다 우리 가족을 먼서 생각해 이기적으로 행동했는지도 모릅니다. 그때 아픈 당신을 찾아가 잘 키울 테니 걱정하지 말라는 말을 전하지 못한 것을 진심으로 후회합니다. 당신이 마음을 다잡고 열심히 살 수 있도록 힘을 주지 못한 것을 가슴 깊이 후회합니다. 그래서 민효를 볼 때마다 두려운 마음이 듭니다. 세월이 흘러 민효가 이런 사실을 모두 알게 되었을 때 "엄마, 그때 왜 나를 낳은 부모에게 안 보내 줬어?"라고 나를 원망할까 봐 두렵습니다.

혹시 마음의 병이 깊어 지금도 당신이 힘겨운 나날을 보내고 있다면 어떻게 할까? 그런 생각이 들 때마다 마음이 무거워집니다. 시간이 약이라고, 죽도록 힘든 일도 시간의 흐름에 따라 조금씩 무뎌지지만 이 일만은 지금도 내 기억의 저장고에 또렷하게 남아 있습니다.

당신은 지금 어떻게 살아가고 있을까? 잘 살고 있을까? 민효 아빠랑 행복하게 살고 있을까?

민효가 우리 집에 온 뒤 그 아이가 나를 비롯해 우리 가족에게 준 희망과 웃음을 말로는 다할 수 없습니다. 한 해, 두 해 갈수록 민효를 낳은 당신 생각이 간절해져 눈시울을 붉힙니다.

어린 나이에 임신했다는 걸 알았을 때 얼마나 당황했을까. 아기를 낳지 않을 수도 있었을 텐데, 아마 부모님께 낳겠다고 고집을 부렸겠지요. 뱃속에서 아기가 발길질을 할 때마다, 태동을 느낄 때마다 얼마나 신기했을까. 아이 아빠의 가족에게 버림받고 아기를 입양 보낼 수밖에 없다는 결정을 내리며 얼마나 가슴이 찢어졌을까. 갓 태어난 아기를 입양 보낸 뒤 얼마나 그리웠으면 정신을 놓을 만큼 병이 깊어졌을까.

> 지금까지도 아기가 어디에 사는지, 얼마나 예쁘게 크고 있는지 모른 채 막연히 그리움만 키우고 있나요? 어쩌면 죽을 때까지 아이를 볼 수 없을 거라는 가슴 아픈 현실을 잘 이겨 내고 있나요? 가여운 사람…….

나는 곁에서 곤히 자고 있는 민효가 보고 싶어 잠을 깨곤 하는데 당신은 아기 이름도 모르고, 길을 걷다 스쳐도 알아보지 못하고 살아갈 걸 생각하면 가슴이 미어집니다.

세상 사람들은 어린 나이에 아이를 낳아 입양 보내는 미성년 엄마를 파렴치한 사람으로 여깁니다. '버려진 아이'라는 이름으로 그들이 낳은 아이 역시 세상에서 가장 불쌍한 사람으로 만들어 버립니다. 짐승도 자기 새끼는 귀하게 여긴다는 평범한 진리를 내세워 아이를 입양 보내는 어린 엄마를 비난합니다. 공중파 드라마에서도 "버리려면 제대로 버리지. 짐승만도 못하다"라는 말을 흔히 접할 수 있습니다. 맞습니다. 그렇게 그들을 죄악시하는 분위기에서 과연 누가 "나는 어릴 적 아기를 낳아 그 아기를 입양 보낸 미혼모다. 하지만 내게도 피치 못할 사정이 있었다. 나를 욕하지 마라"라고 그들을 대신해 이야기할 수 있을까요.

숨기고 덮고, 심지어 없었던 일로 치부하며 살아가는 그들을 세상은 늘 한 목소리로 차갑게 평가해 왔습니다. 만약 내가 미혼모라면 얼마나 아플지, 얼마나 죄스럽고 아이가 그리울지 한 번쯤 입장을 바꿔 생각해 볼 필요가 있지 않을까요? 어린 미혼모가 아기를 입양 보내거나, 심지어 극단적인 선택으로 아기를 쓰레기통에 버리지 않으면 안 될 만큼 우리 사회가 그들에게 최소한의 대안조차 마련해 주지 않았다는 것을 우리는 왜 아직도 모르는 걸까요? 빈약한 복지 제도, 기본적인 생계를 꾸려 나갈 부양책 조치 미비한 이 나라에서 결혼도 하지 않고 아이를 낳았다는 비난의 시선을 감당하며 살아갈 수 있을 만한 환경을 제공했는지 반문하고 싶습니다. 다시 생각해 봅시다.

어린 미혼모가 아이를 건강하게 키울 수 있도록 돕기는커녕 그들에 대한 사회적 질타만이 난무하는 이 나라에서 그들이 선택할 수 있는 최선의 길은 아이를 입양 보내는 것입니다. 최악의 선택은 아무도 모르게 아기를 낳아 처리하는 것이겠지요. 고등학생이 임신하면 자퇴를 종용하는 사회에서 쓰레기통에 버려진 아기를 보며 아기 엄마를 짐승보다 못한 인간이라고 질타할 때, 그 아기 엄마가 아기를 버리도록 만든 주범이 바로 우리 어른과 기성세대라는 것을 왜 우리는 알면서도 모르는 척하는 걸까요? 아무것도 해 주지 않으면서 단지 사회의 관습에 어긋나는 행동을 했다는 이유만으로 맹렬한 비난과 냉대를 퍼붓는 우리 기성세대야말로 어린 미혼모가 스스로 아기를 유기하도록 만든 주범입니다.

처음부터 민효에게 입양 사실을 알리겠다고 결심한 것은 당신 때문입니다. 민효는 버림받은 아이가 아닙니다. 우리 딸에게는 주변의 손가락질을 감수하며 열 달 동안 뱃속에서 고이 키워 준 용감한 엄마가, 민효가 그리워 마음의 병이 날 만큼 착하디착한 엄마가 있기 때문입니다. 언젠가 민효에게 세상에서 가장 고마워해야 할 사람은 바로 너를 낳아 준 엄마라고 말해 줄 것입니다. 당신은 민효를 낳지 않을 수도, 입양 보내 놓고 그리워하지 않을 수도 있었습니다. 그러나 당신은 그렇게 하지 않았습니다.

> 민효야, 네 엄마는 너를 버린 게 아니야. 단지 너를 키울 힘이 없어서 우리에게 보낸 거란다. 넌 버림받은 불쌍한 아이가 아니야. 네 엄마는 정말 1천만 명에 한 명 날까 말까 할 만큼 용감한 사람이란다. 그러니까 너도 용감한 사람이 되어야 해. 그래서 어른이 되면 너를 끝까지 포기하지 않은 착한 엄마를 찾아서 잘 자란 네 모습을 보여 주렴.

민효의 또 다른 엄마로서 민효와 당신을 위해 내가 할 수 있는 일은 이렇게 글을 쓰고 부탁하는 것뿐입니다.

> 부디 '역지사지'의 심정으로 어린 미혼모의 아픔과 처지를 생각해 보고 그들을 사회에서 감싸 안아 주세요. 그리고 입양된 아이들을 불쌍한 아이로 보지 말아 주세요. 누군가에게는 이 힘든 세상을 살아가는 이유가 될 만큼 소중한 아이들입니다. 그 아이들도 열 달 동안 엄마의 사랑을 받으며 고이 자라 이 세상에 태어난 소중한 자식이라는 것을 잊지 말아 주세요.

내가 이 글을 쓸 수 있도록 용기를 준, 어딘가에 있을 내 딸의 어린 엄마가 부디 건강하기를 기도합니다.

가족의 의미

규모가 작은 학원을 운영하는 사람들은 대부분 제대로 된 원어민 교사를 만나지 못해 고생합니다. 학원의 규모에 비해 월급과 퇴직금, 집세, 항공료 등 투자 비용이 만만치 않은 탓에 전화 인터뷰를 통해 자질이 검증되지 않은 원어민 교사와 계약을 체결하는 것은 모험에 가까운 일입니다. 그래서 초보 원장인 나는 짧은 자기소개서만으로는 그 사람의 인품을 알 길이 없어 사진을 보고 '직감'에 의지하는 경우가 많습니다.

그렇게 만난 두 번째 원어민 교사가 클레어입니다. 길 가던 할머니가 클레어의 얼굴을 감싸면서 "아이고, 예쁘게도 생겼네"라고 말할 정도로 그녀는 상대방에게 호감을 줍니다. 정작 본인은 키가 작은 데다 창백하고 머리도 짧아 남자들이 거들떠보지 않는다고 걱정하지만 말입니다. 클레어가 네 살일 때 부모님이 이혼했고, 어머니는 재혼한 남편과 잘 살고 있답니다. 클레어에게 의붓아버지와 살면서 힘들지 않았느냐고 묻자 고개를 저으며 오히려 꼭 피를 나누어야 가족은 아니지 않느냐고 반문합니다.

클레어는 한창 나이의 앳된 아가씨지만 결혼에는 별 관심을 보이지 않습니다. 하지만 아이만은 꼭 입양해 양육하고 싶다고 말합니다. 물론 호주에서 입양은 흔한 일이 아니라고 합니다. 호주에서 아이를 입양하려면 오랜 시간 교육을 받아야 하는 등 절차가 까다롭고 복잡하답니다. 그래서 아기를 낳지 못하는 경우 마지막으로 고려하는 것이 입양이라고 했습니다. 클레어는 오래전부터 아이를 입양하겠다고 결심했는데, 주변 친구들에게 그 생각을 말하면 "너 불임이니?"라는 질문부터 받게 된다고 합니다.

클레어는 이제 겨우 스물다섯 살로, 원한다면 언제든 자기 아이를 낳을 수 있는 건강한 친구입니다. 그런 클레어가 아이를 입양하기로 결심한 이유는 의외로 단순합니다. 세상에는 이미 부모 없이 살아가는 수많은 아이가 있기 때문입니다. 부모도, 돌봐줄 사람도 없이 길거리에서 굶주리며 살아가는 아이들의 슬픈 현실을 생각하면 가슴이 아프다고 했습니다.
나도 그런 클레어의 생각에 전적으로 동의합니다. 인간은 자신의 유전형질을 물려받은 혈육을 통해 세상에 무언가 흔적을 남기길 원합니다. 하지만 세상에 무언가를 남기는 방법이 자신의 DNA를 물려받은 자식을 낳아 키우는 것뿐일까요? 우리가 자식에게 물려줄 수 있는 것은 유전형질만이 아닙니다. 부모로서 자식에게 생물학적 유전형질 외에도 여러 가지 가치 있는 자질을 물려줄 수 있습니다.
클레어는 의붓아버지와 함께한 세월이 친아버지와 함께 산 세월의 여섯 배나 된답니다. 클레어의 성격은 어머니를 쏙 빼닮았다고 합니다. 하지만 지금의 클레어를 있게 한 사람은 의붓아버지라고 망설임 없이 말합니다. 쉽게 스트레스를 받는 성격이 의붓아버지의 지혜로운 훈육으로 잘 다듬어졌고, 그런 성장 과정을 거쳐 지금의 모습으로 성장할 수 있었다고 했습니다. 부모에게 물려받은 유전형질과 자질도 무시할 수 없겠지만 무엇보다 중요한 것은 우리가 태어나 누구와 어떤 환경에서 살아가느냐 하는 것입니다. 인간은 사회적 동물로 환경의 영향을 받지 않을 수 없기 때문입니다. 입양한 가족이 어떻게 양육하느냐에 따라 입양된 아이가 타고난 유전적 성향을 컨트롤해 잘 성장할 수도 있고, 그렇지 않을 수도 있습니다.
부산에서 초등학생을 성폭행하고 살해한 청년이 입양아라는 뉴스를 봤습니다. 그런 보도를 통해 사람들은 '입양아는 나쁜 유전형질을 타고난 아이'라는 고정관념을 갖게 되겠지요. 하지만 이렇게 되묻고 싶습니다. 그 청년을 입양한 부모는 아이에게 최선의 환경을 제공했을까요? 좋은 환경에서 부모의 사랑과 지지를 받으며 자란 아이는 비록 피를 나눈 가족이 아닐지라도 훌륭한 인격체로 성장할 수 있습니다. 그건 우리 부모의 몫입니다.

아이 수출

따뜻한 가슴만 있으면 누구든 아이를 입양할 수 있다고 말하고 싶지만 대한민국의 현실은 그렇지 못합니다. 민효가 입양아로서 받는 사회적 혜택은 두 가지입니다. 첫 번째는 만 18세까지 주어지는 의료보호 1종 혜택입니다.

의료보호증이 나온 날 깜짝 놀랐습니다. 민효 이름만 달랑 적힌 카드에 '의료보호 1종'이라는 글자가 찍혀 있었습니다. 병원에 가면 눈치 빠른 간호사는 민효가 입양된 아이라는 것을 알아차리겠구나 싶었습니다. 구청에 전화해서 왜 엄마 아빠의 의료보험증에 이름을 올리지 않느냐고 물으니, 서너 번 전화를 돌려 연결된 담당자가 무심한 목소리로 법이 그렇다는 답변을 들려주었습니다.

석 달이 지난 2008년, 그 법 조항이 바뀌었습니다. 지금처럼 아이 이름만 찍힌 의료보호 1종 카드를 사용해 의료비 혜택을 바로 받든지, 부모의 의료보험증에 아이 이름을 올리고 실비로 의료비를 정산한 뒤 일정 기간이 지나 돌려받든지 선택할 수 있게 되었습니다. 우리는 후자를 선택해 의료비를 환불받고 있지만, 정부에서 말하는 범위와 혜택이 어느 정도인지 짧은 안내장조차 받지 못했습니다. 단지 본인 부담금을 지원한다는 것 정도만 알게 되었을 뿐입니다. 6개월에 한 번씩 몇만 원의 의료비가 정산되어 통장에 입금되지만 그 내역 역시 자세히 알지 못합니다.

두 번째 혜택은 13세 이하 아이를 입양한 경우 한 달에 10만 원씩 양육수당을 지급하는 것입니다. 비공개로 입양한 부모는 소문이 날까 두려워 이 수당을 받지 않는다고 합니다. 물론 나는 내가 낸 세금을 돌려받는다는 생각으로 기꺼이 그 수당을 받고 있습니다.

만약 입양에 대해 진지하게 고민하고 있다면, 절대 정부의 지원을 믿고 결정하지 말라고 조언하고 싶습니다. 입양을 하며 '돈' 이야기를 꺼내면 사람들은 "좋은 일을 하면서 어떻게 돈 이야기를 하느냐"며 손가락질을 하기도 합니다. 좋은 일은 남들이 모르게 해야 한다는 유교적 가치관이 팽배한 사회 분위기 때문입니다.

사회 초년생 시절 사회복지사로 일할 때도 그랬습니다. 근무시간을 초과하는 과도한 업무와 박봉 등 열악한 환경에 대해 어느 누구도 목소리를 내지 못하는 것은 사회복지사는 희생정신 없이는 할 수 없는 일이고, 봉사와 희생을 전제로 하는 직업에 종사하면서 급여에 대해 언급하는 것은 순수하지 못하다는 생각이 기본으로 깔려 있기 때문입니다.

입양은 좋은 일을 한다는 우월감에 젖어 할 수 있는 일이 결코 아닙니다. 버려진 이이를 잠시 맡아 키우는 것이 아니라 하나의 인격체를 자식으로 받아들여 가족을 이루는 일입니다. 그만큼 용기와 사랑이 바탕이 되어야만 할 수 있는 일입니다. 한 아이를 올바른 성인으로 양육하는 데 부모에게 필요한 자질은 무엇일까요? 우리 사회에는 용기와 사랑과 인격을 갖춘 자질 있는 부모가 많습니다. 그러나 그런 자질을 갖추었다 해도 경제적 능력이 없다면 아이를 입양할 수 없는 것이 현실입니다. 부모의 자질을 갖춘 사람보다 경제력 있는 사람에게 우선적으로 아이를 입양할 권리가 주어집니다. 우리 사회에는 따뜻한 가정이 많고, 아이를 키울 최소한의 보육비와 교육비만 지원해도 아이를 입양할 가정은 얼마든지 있습니다.

보육비 지원에 관해서는 아이러니함을 느끼지 않을 수 없습니다. 요즘 초등학교에 입학하기 전 어린이집에 다니지 않는 아이는 거의 없습니다. 게다가 나처럼 직장에 다니는 엄마는 추가적인 보육비가 필요합니다. 꼭 이 보육비를 정부에서 지원해야 입양이 보편화될 것이라는 말은 아니지만, 최소한 어린이집 보육비 정도는 생활수준에 따라 차등 지급해야 하지 않을까 하는 아쉬움이 남습니다.

입양한 부모도 비공개를 생각하고 입양된 아이도 자기 목소리를 내지 않는 현실에서, 과연 누가 그들의 인권과 안정적인 생활에 대해 말하겠습니까? 처우 개선을 요구하며 당사자들이 목이 터져라 외쳐도 나 몰라라 하는 판국에 어려서 말 못하고, 몰라서 말 못하고, 알까 봐 말 못하는 입양아와 입양 가족은 방치되고 있습니다. 주면 받고, 안 주면 안타까워하고, '수혜자가 조용하니 관심도 없구나'라고 생각하면서 말입니다.

대한민국은 60년 만에 전쟁고아를 해외로 수출하던 나라에서 G20정상회의를 개최하는 강대국이 되었습니다. 하지만 여전히 열악한 사회보장제도때문에 아기를 포기하는 미혼모가 있고, 경제적 사정 때문에 아이를 입양하고 싶어도 입양하지 못하는 가정이 있는 나라입니다. 그리고 아직도 한 해에 1천 명이 넘는 아기를 해외로 입양 보내고 있습니다. 건국 이래 해외로 입양 보낸 아동이 무려 20만 명에 이른다고 합니다.

미혼모의 아이와 고아원에서 자라는 아이, 장애 아이까지도 가정에서 마음 놓고 양육할 수 있도록 정부는 현실적인 제도를 만들어야 합니다. 입양하지 않는 현실의 원인을 국민의 소양 부족으로 돌리고 홍보에만 힘쓰는 정부가 되지 않기를 바랍니다. 나 역시 아이를 입양하기 전에는 사람들의 사랑과 헌신이 부족하다고 생각했습니다. 하지만 4년 동안 내 딸과 함께 생활하면서 그런 생각이 잘못되었다는 것을 알게 되었습니다. 아이를 입양하는 가정에만 일방적으로 헌신을 강요하는 정책은 이제 블랙홀에 갖다 버리고 싶은 심정입니다.

짐승만도 못한 인간

얼마 전 인터넷 기사를 읽다가 눈물이 후두두 떨어졌습니다. '보험금을 타려고 입양아 살해한 30대'라는 제목의 기사였습니다.

2010년 1월 중순, 경남 양산의 한 병원에서 장염과 발작 증세로 치료를 받던 두 살배기 양 모 양이 갑자기 숨졌습니다. 경찰 조사 결과, 지난 2008년에 양 양을 입양한 서른한 살 최 모 씨가 보험금 2천6백만 원을 노리고 옷가지 등으로 아이를 질식시켜 살해했다고 합니다. 경찰은 최 씨의 또 다른 입양한 딸과 친딸도 비슷한 증세로 숨진 것을 수상히 여겨 조사한 결과, 덜미가 잡혔다고 했습니다.

최 씨는 지난 2005년 입양한 첫딸이 1년 만에 장염 증세로 치료를 받다 숨져 1천5백만 원의 보험금을 탔고 2003년에는 20개월 된 친딸이 비슷한 증세로 숨져 1천8백만 원의 보험금을 챙겼습니다. 그리고 이번엔 두 살배기 아이의 보험금을 타 내기 위해 질식시켜 죽였다는 것입니다. 이 여인은 갓난아기가 장염에 걸리게 하기 위해 소독하지 않은 우유병으로 수유를 했고, 끓이지 않은 물을 마시게 했다고 경찰은 밝혔습니다. 심지어 입양한 아픈 아이를 내세워 사회복지단체로부터 수천만 원의 후원금까지 챙겼다고 합니다.

새벽에 일을 하다 말고 컴퓨터 앞에 앉아 하염없이 눈물을 흘렸습니다. 죽은 아기들이 불쌍해서 억장이 무너지는 것 같았습니다. 소독하지 않은 우유병으로 수돗물을 먹이면서 아기가 병들어 죽기만을 기다린 걸까요? 그렇게 기다리다 숨이 넘어갈 지경이 되면 언제 베개로 눌러 죽일까 고민하는 엄마와 함께 그 아기들은 도대체 얼마나 비참한 생활을 해 온 걸까요?

장염에 걸려 죽을 만큼 아팠다면 먹는 대로 피똥을 싸서 엉덩이가 다 헐었을 텐데, 그 어린 아기가 어떤 고통을 겪었을지 짐작도 할 수 없었습니다. 죽일 날만 기다리는 파렴치한 엄마가 우는 아기를 안아 주고 따뜻하게 달래 주긴 했을까요? 배가 아파 울다가 탈진할 때까지 아기를 방치한 엄마는 마지막 순간 아이를 병원에 데려가며 '이제 드디어 보험금을 탈 수 있다'는 생각에 마냥 기뻤을까요?

세 아기가 짐승만도 못한 한 여자에게 죽임을 당했습니다. 입양 기관은 대체 어떻게 일처리를 했기에 이런 짐승만도 못한 여자가 아기를 입양하도록 허락한 걸까요? 사후 관리를 제대로 하긴 한 걸까요?

우리나라의 입양 절차는 참 간단합니다. 입양을 원하는 부모는 공식적인 기준에만 부합하면 언제든 아이를 입양할 수 있습니다. 서류를 낸 뒤 아기를 고르고, 마음에 들지 않으면 퇴짜를 놓은 뒤 다른 아기를 고를 수 있습니다. 건강 상태는 물론 아기 몸의 흉터나 점까지 보고, 심지어 친모가 공부를 잘했는지도 궁금해합니다. 그렇게 까다롭게 아기를 골라 입양한 뒤, 정부와 입양 기관에서는 입양 보낸 아기가 학대를 당하든 죽든 아무런 관심이 없습니다.

실제로 민효를 입양한 뒤 단 한 번도 입양 기관에서는 사후 관리를 하거나 우리 집을 방문한 적이 없습니다. 오히려 남편이 1년에 한두 번 그곳을 지날 때마다 음료수를 들고 찾아가 얼굴도 모르는 사회복지사에게 예쁜 딸을 보내 주어 고맙다는 인사를 합니다. 요즘은 입양 수수료 2백여만 원을 정부에서 지원해 주기 때문에 입양하는 부모는 아기를 데려올 때 아무런 금전적 대가를 치르지 않아도 됩니다. 오히려 인면수심의 인간이 아기를 입양해 죽이고 보험금을 탈 수 있는 조건이 잘 갖춰져 있다고 볼 수도 있습니다. 이처럼 입양 수수료를 지원하는 정책을 악용하는 사례가 생긴다면, 정부와 입양 기관은 사후 관리의 실태와 대책에 대해 진지하게 고민해 봐야 한다고 생각합니다.

대한민국에서는 최소한 죄 없는 아기의 생명을 볼모로 보험금을 노리는 짐승만도 못한 여자가 아기를 입양하는 일은 없어야 합니다. 이런 여자가 아기를 입양하도록 한 정부와 입양 기관 모두 아기의 죽음에 책임을 져야 한다고 생각합니다. 그 아기들을 낳은 어린 엄마를 생각하면 가슴이 미어집니다. 그들은 아직도 자신의 딸이 그렇게 끔찍한 죽임을 당했다는 사실을 모른 채 어디선가 잘 크고 있겠지, 누군가에게 내가 못 준 사랑을 받고 있겠지 생각하겠지요. 언젠가 아이를 찾아가 먼발치에서라도 볼 수 있기를 바라면서 말입니다.

불쌍한 아기들이 부디 다음 생에는 낳아 준 부모의 사랑을 듬뿍 받으며 행복한 삶을 살기를 기도합니다.

거꾸로 바라보기

자식의 의미

일주일에 한 번은 온 가족이 외식을 하는 것이 우리 집 원칙입니다. 민효가 혼자 앉을 수 있게 되었을 때부터 그 원칙을 지키고 있는데, 식당에 가면 으레 듣게 되는 소리가 있습니다.

"아들 둘에 딸 하나, 너무 보기 좋으세요."

"네, 감사해요."

인사치레일 수도 있지만 늘 그렇게 감사 인사를 건넵니다.

아이 셋은 대한민국에서 부의 상징이라고 합니다. 하지만 나는 이 말에 '절대 아니올시다!'라고 한 표를 던집니다. 남편과 미래를 설계하고 자식을 키우며 최선을 다해 살아왔지만, 언제나 한편으로는 곤궁함이 자리했습니다. 특히 경기가 바닥으로 내려앉은 IMF 때는 큰 부채를 떠안아 힘든 시기를 겪었습니다.

인생의 가치를 돈으로 매긴다면 아이 셋은 짐 같은 존재일 것입니다. 아이가 하나둘 생길 때마다 빠듯한 경제 사정을 생각하며 부모는 아이들을 양육할 걱정에 한숨을 쉬게 될 테니까요. 하지만 한국 사회에서 부모들이 자식과 경제 상황의 양극단을 저울질하는 것은 몇 가지 잘못된 생각이 바탕에 깔려 있기 때문입니다.

첫 번째, 동양적 사고방식에서 비롯된 부모의 맹목적 희생입니다. 한국에서 부모는 알을 낳자마자 죽고 마는 연어 같은 존재입니다. 자신의 씨를 번성시켜야 한다는 본능으로 강물을 거슬러 올라가는 연어처럼, 자식을 위해 모든 것을 희생해야 한다고 생각합니다.

두 번째, 한국 사회의 일류 지향이 그 원인입니다. 한국에서는 무슨 일이든 최고가 되어야 합니다. 공부도, 취직도, 결혼도. 그렇게 일등을 지향하는 사회에서 내 자식이 도태되지 않도록 부모는 어릴 때부터 바탕을 마련해 주고 싶어 합니다. 아니, 당연히 그렇게 해야 한다고 생각합니다. 일반

유치원은 27만 원의 학비로 다닐 수 있는 데 비해, 영어 유치원은 1백50만 원을 지불해야 합니다. 초등학교도 국립은 무상교육이지만 사립은 별도로 학비를 내야 합니다. 그럼에도 유명한 유치원이나 사립학교는 대기자 명단이 길어 입학하기가 쉽지 않다고 합니다. 사립 초등학교는 방학마다 해외 연수를 보내는 등 아이가 뒤처지지 않도록 관리해 주고 있습니다. 그래야 더 좋은 중학교와 특수목적 고등학교, 유수의 명문 대학교에 진학할 수 있기 때문입니다. 더 나아가 최고 대학을 졸업해야 남들이 부러워하는 직장에 취직해 풍요로운 삶을 살 수 있는 나라입니다.

하지만 한 번쯤 다시 생각해 보면 어떨까요? 왜 부모는 자식을 위해 모든 것을 희생해야 합니까? 자식은 왜 성년이 되어서도 부모에게 낭연히 용논을 받고 대학 학비를 지원받아야 합니까? 왜 자식이 결혼하는데 부모가 집을 사 주고 수천만 원을 들여 예단을 준비해야 합니까? 우리나라에서는 이런 모든 일이 당연한 것입니까?

우리나라에서 영어를 가르치는 56세의 외국인 선생님이 있습니다. 그녀는 학비를 융자받아 대학에 다녔고, 그 후 20년에 걸쳐 등록금을 상환했다고 했습니다. 왜 부모가 등록금을 주지 않았느냐고 묻는 나를 그녀는 이상하다는 듯 바라봤습니다.

"왜 부모가 학비를 대 줘야 하는데? 내가 공부하고 싶어 선택한 길이니 당연히 스스로 등록금을 마련해야지."

어릴 적 그 말을 들었을 때는 부모님이 참 냉정하다고 생각했습니다. 하지만 자신의 삶을 개척하며 살아가는 그녀를 볼 때마다 결국 독립적인 교육관이 옳다고 믿게 되었습니다.

내가 만난 다른 외국인 역시 방학 때마다 아르바이트를 하며 스스로 대학 등록금을 마련했고, 독립적인 생활을 해 왔습니다. 스무 살이 되어 부모님이 허락하면 분가를 했습니다. 그들 모두 자신의 삶에 열정적이고 적극적이며 도전을 두려워하지 않았습니다. 무엇보다 주체성이 분명했습니다.

같은 또래의 내 제자들을 돌아보면서 많은 생각을 하게 되었습니다. 어쩌면 같은 또래인데 이렇게 사고방식이 다를까? 내 제자들이 취직을 담보로 학점에 허덕이는 대학 생활을 할 때 외국 아이들은 전혀 다른 삶을 살아갑니다. 나는 영어를 공부하고 가르치는 사람이지만 영어권 문화가 우리나라에 비해 우월하다고는 생각하지 않습니다. 문화권마다 나름의 특징이 있어 어느 쪽이 더 우월하거나 열등하다고 판단하는 것은 옳지 않습니다. 다만 영어권에서 부모와 자식의 인생을 분리하는 것만은 찬성합니다. 부모의 인생을 희생해 자식의 인생을 만들어 가야 한다는 관념이 팽배하다면 출생률은 영원히 하락할 것입니다.

내 아이들에게 모든 것을 다 해 주는 부모가 되고 싶지는 않습니다. 세 아이를 키우면서 많은 시행착오를 거친 끝에 어떤 부모가 되어야 하는지 내 나름대로 결론을 내렸습니다.

첫째, 아이들의 본보기가 되어야 합니다. 아이에게 공부하라고 잔소리를 하면서 텔레비전을 켜 놓고 안방에 틀어박혀 있어서는 안 됩니다. 아이가 공부하는 모습을 보고 싶다면 부모가 먼저 텔레비전과 컴퓨터를 치우고 책을 보는 모습을 보여 주어야 합니다.

둘째, 맹목적으로 사회의 틀에 맞추도록 아이들을 내몰아선 안 됩니다. 우리는 반복되는 일상에 지쳐 "내가 왜 이 모양 이 꼴로 살아야 돼"라는 푸념을 늘어놓습니다. 내 아이에게는 그런 삶을 대물림하고 싶지 않아 공부하라고 닦달합니다. 하지만 공부를 잘해야 출세하고 행복해진다는 보장은 없습니다. 공부를 잘하는 것보다 무엇을 할 때 행복한지 아는 것이 중요합니다. 아이가 특별히 관심을 보이고 잘하는 분야가 있다면 그 특성을 살려 학교를 졸업한 후에도 직업으로 즐길 수 있도록 길을 찾아 주기 위해 고민해야 합니다.

현재의 대학 입학 사정관 제도는 자질 있는 학생을 발굴하는 수단이 될 수도 있습니다. 오용하지만 않는다면 성적순이 아니라 특정 학과에 대한 재능이나 자질을 갖춘 학생이 대학에 갈 수 있는 길이 열릴 것이라고 생각합니다.

셋째, 출세해 억만금을 손에 쥐어도 행복을 누릴 줄 아는 여유가 없다면 늘 불행하게 마련입니다. 부모가 자식에게 꼭 해 주어야 할 것은 공부와 상관없이 행복한 아이가 될 수 있도록 도와주는 것입니다. 행복은 현재 진행형이어야 합니다. 현실을 있는 그대로 받아들이고 매 순간을 소중하게 여기는 습관에서 비롯되는 감정입니다. 감사할 줄 아는 긍정적인 사고방식에서 비롯되는 마음가짐입니다. 행복은 행복하다고 수만 번 외친다고 얻을 수 있는 것이 아닙니다. 행복이 자리 잡을 수 있는 마음가짐을 어릴 때부터 키운 사람만이 누릴 수 있는 특권입니다.

넷째, 부모가 내 아이를 잘 알고 인정해 주어야 합니다. 이른 사춘기를 맞아 방황하는 중학생 제자들에게 학생으로서 해야 할 일과 하지 말아야 할 일에 대해 가르쳐 주었습니다. 하지 말아야 할 일을 했을 때는 책임이 따르고, 해야 할 일을 했을 때는 결과물이 따라온다는 것을 알려 주면 아이들도 공부는 스스로 해야 하는 것으로 받아들입니다. 물론 같은 노력을 한다고 모든 아이가 일등을 할 수 있는 것은 아닙니다. 어떤 아이는 50점을 받고도 칭찬을 듣습니다. 충분히 노력했고 그 노력에 대한 결과라면 이 점수를 현실로 받아들이라고 격려해 줍니다. 아이들은 흔들리지 않습니다. 단지 부모가 촛불처럼 흔들릴 뿐입니다. 조급한 부모는 아이의 개성을 인정하지 않고 점수에만 연연합니다. 부모의 조급함이 아이를, 아이의 인생을 망칩니다.

대한민국의 부모는 조금씩 바뀌어야 합니다. 부모의 역할에 대한 관점이 바뀌면 자식을 바라보는 시선도 달라지지 않을까요? 자식은 부모에게 희생만 강요하는 짐 같은 존재가 아닙니다. 내가 낳은 자식이든 입양한 자식이든 남부럽지 않게 성장할 수 있도록 도와줄 부모의 용기가 필요한 시점입니다. 탐욕과 허세가 만연한 일류 지향의 세상에 반기를 들고 내 아이의 올바른 인성을 키워 주기 위해 노력한다면 이미 절반은 성공한 것이라고 할 수 있습니다. 국가도 이런 개개인의 노력을 지지하며 아이들을 잘 키울 수 있는 사회적 바탕을 만들어 주어야 합니다.

아이는 질 좋은 품종의 씨앗입니다. 양지바른 비옥한 흙에 심으면 바르게 자랍니다. 때로는 비바람이 몰아쳐 뿌리가 드러나기도 하고 가뭄이 들어 잎사귀가 마르기도 하지만 이런 역경을 이겨 내야 더 깊게 단단히 뿌리를 내릴 수 있습니다. 자신을 흔드는 큰바람이 있어야 굽힐 줄 아는 지혜를 배우고 주변의 소중함도 알게 됩니다.

흙처럼 아이가 늘 기댈 수 있는 존재가 되고 싶습니다. 그런 부모가 되기를 소망합니다. 그러나 스스로 자라고 이겨 내는 힘은 아이의 몫입니다. 그 힘을 흙인 내가 줄 수는 없습니다. 스스로 싹틔운 잎사귀와 꽃은 아이의 개성이 색을 입히고 빛을 부여한 삶입니다. 내게 뿌리내린 나무가 자기 색깔의 삶을 살아갈 수 있도록 기다려 줄 줄 아는 용기 있는 부모가 되어야 합니다.

'미안해'의 힘

대구 시내 고등학교에 배정받아 다니게 된 첫 학기, 태어나서 처음으로 성적표를 부모님께 보여 드릴 수가 없었습니다. 입학 성적이 상위권인 내게 60명 중 36등이라는 중간고사 성적은 충격 그 자체였습니다. 중학교 때까지 늘 성적이 좋았기 때문에 난생처음으로 상실감과 자괴감을 맛보게 한 사건이었습니다. 그 후로 명예를 회복하기 위해 독하게 공부했습니다.

얼마 후 선생님께서 수학 시간에 불쑥 시험지를 나눠 주셨습니다. 20개 문항 모두 풀이 과정을 반드시 시험지에 적어 제출하라고 했습니다. 평소 연습장에 문제를 풀던 습관대로 나는 아무 생각 없이 종이를 찢어 문제를 푼 뒤 시험지에는 정답만 적어 냈습니다.

다음 수학 시간, 선생님은 시험지를 들고 들어와 불쑥 나를 불렀습니다.
"이정애, 일어서! 전교에 만점이 너 하난데, 어떻게 니 성적에 만점을 받노. 베꼈제? 제대로 대답하면 용서해 준다. 바로 말해라."
연습장에 문제를 풀었다고 말했지만 선생님은 결국 나를 불러냈습니다. 칠판에 제일 어려운 문제를 적더니 친구들 앞에서 풀라고 했습니다.
"오늘 이거 못 풀면 거짓말한 게 들통 나니까 가만 안 둔다."
선생님은 회초리를 손에 든 채 문제를 푸는 내 옆에서 팔짱을 끼고 계셨습니다. 물론 나는 그 문제를 풀었습니다. 이미 한 번 풀어 본 문제였기 때문에 당연히 별 어려움 없이 풀 수 있었습니다. 문제를 다 풀고 분필을 내려놓자 선생님은 자리에 돌아가 앉으라고 하고는 칠판을 지웠습니다. 그렇게 지운다고 해서 내 마음속 상처까지 지워질 수 있을까. 자리에 앉자마자 참고 있던 눈물이 흘러내렸습니다. 수학 시간 내내 엎드려 울었습니다. 36등이 전교생 누구도 풀지 못한 문제를 맞혔다는 이유로 나는 부도덕한 아이로 낙인찍힌 것입니다. 감히 36등이 어려운 문제를 풀었기 때문에 커닝한 아이가 되었고, 36등이기 때문에 아이들이 모두 보는 앞에서 내 손으로 문제를 풀어야 진실을 인정받을 수 있었습니다. 그날 상처받은 36등 아이는 수업 시간 내내 엎드려 울었습니다.

수업종이 울린 뒤 수학 선생님은 진심으로 말씀하셨습니다.

"미안하다. 그만 울어라. 내가 미안하데이."

그러고는 교실을 나가셨고, 그제야 나는 어깨를 세워 앉을 수 있었습니다. 그날 처음으로 세상의 편견을 맞닥뜨렸습니다. 36등이 세상 누구도 풀지 못하는 문제를 풀 수도 있습니다. 그때 일을 교훈 삼아 아이들을 가르치며 그런 오류를 범하지 않도록 애쓰고 있습니다. 설령 믿음이 가지 않는 상황이라도, 적어도 나만은 믿어 주어야 합니다. 내가 믿지 않는다면 그 아이는 영원한 36등으로, 거짓말쟁이이자 패배자로 살아갈 것이기 때문입니다. 결과를 보고도 의심하고, 진실을 말해도 믿지 않으니 굳이 애쓸 필요가 없다고 단념해 버릴 테니 말입니다.

어른들의 판단 착오, 세상의 편견이 한 아이의 인생을 바꿀 수 있습니다. 그래서 나는 요즘도 뒤늦게라도 잘못을 알게 되면 미안하다고 사과합니다. '미안해'라는 말이 얼마나 중요한지 알기 때문입니다. 그때 선생님이 내게 그 말을 하지 않았다면 고등학교 3년 내내 선생님에 대한 미움으로 반항을 했을 테고, 그러면 내 인생이 달라졌을 테니 말입니다.

지금도 나는 그 대상이 아이든 어른이든 내가 잘못했을 때는 미안하다고 진심으로 사과합니다. 그것이 그 사람을 바로 세우고, 나를 내려놓게 하는 소중한 언어라는 것을 알기 때문입니다.

성폭력

딸 키우는 엄마가 되고 보니 텔레비전을 보기 겁날 때가 많습니다. 유독 어린이 성폭력 사건이 많이 일어나는 것 같아 새삼 온전하게 딸을 키우기엔 세상이 무섭다는 생각을 하게 됩니다. 사람들은 세상이 어수선해서 어린이 성폭력 사건이 자꾸 일어난다고 생각합니다. 하지만 예전에도 성폭력은 엄연히 있었습니다. 다만 이야기를 꺼내기 힘든 사회 분위기, 성폭력을 당한 여자의 옷차림이나 행동거지를 비난하는 남성 중심의 세계관이 지배적이었기 때문에 알려지지 않았을 뿐입니다.

성폭력은 여자인 내가 잘못해 일어나는 일이 아닙니다. 짧은 치마를 입어서, 헤프게 행동해서 공이 튕겨 오듯 내게 돌아오는 사회적 행동이 결코 아닙니다. 설령 성폭력을 당했더라도 내가 죄를 지은 것은 아닙니다. 그저 운이 없었고, 어려서 그 자리에서 빠져나올 힘이 없어 그런 일을 당했을 테니 내가 죄를 지은 것은 아무것도 없습니다.

성폭력을 당한 이들이 느끼는 수치심과 두려움은 말할 수 없이 큽니다. 하지만 그런 감정이 자책감으로 변질되어 남은 인생을 망치도록 자신을 방치하거나 자학해서는 안 됩니다. 성은 사랑하는 사람을 위해 지켜야 하는 약속이지만 내 목숨만큼, 내 인생만큼, 내가 사랑하는 가족과 바꿀 만큼 중요한 것은 아닙니다.

어느 날 성폭력을 당했다면 주저하지 말고 부모님께 알려야 합니다. 성폭력은 피해자와 가해자가 있는 범죄입니다. 피해자는 보호받고 범죄자는 죗값을 치러야 합니다. 용감해지지 않으면 결코 보호받지 못합니다.

중학교 1학년 때 선생님에게 장기간에 걸쳐 성폭력을 당한 적이 있습니다. '안 돼'라고 말하지 못한 채 두려움에 떨며 학교에 다녔습니다. 마흔이 되도록 그 기억은 말끔히 지워지지 않아 지금도 그날을 생각하면 치가 떨립니다. 하지만 그 선생님은 내 이름 석 자도 기억하지 못한 채 잘 살아가고 있을 것입니다.

중학교에 입학해 고등학교 3학년 때까지 줄곧 59번 아니면 60번일 정도로 키가 커서 나는 늘 짝 없이 혼자 맨 뒷줄에 앉았습니다. 어느 토요일 그 선생님이 시험지를 채점해야 하니 수업을 마치고 남아 있으라고 했습니다. 그 선생님은 담임을 맡은 반이 없어 1층의 어느 교실로 오라고 다른 친구를 통해 전달했습니다. 1층 교실에 가 보니 커튼이 드리워져 있었습니다. 내가 들어가자 선생님은 채점한 점수를 다시 계산하라고 지시했습니다. 12개 반의 것을 모두 채점했을 때는 오후 4시가 넘어 있었고, 비가 와서 교실은 어둑어둑했습니다.

"선생님, 채점 다 했습니다. 가도 되시예? 안녕히 계세요."

자리에서 일어나 꾸벅 인사하자 선생님이 급히 시험지를 챙기며 "그래, 가자"라고 말했습니다. 키가 큰 선생님은 정장 바지와 반소매 와이셔츠를 입고 있었는데, 바지 안에 와이셔츠 자락을 집어넣으며 옷을 단정하게 하는 듯 부산스럽게 움직였습니다. 생각 없이 문을 향해 걸어가다 몇 걸음 가지 못해 선생님이 내 팔을 잡아채는 것을 느꼈습니다. 놀라서 그대로 굳어 버린 나를 선생님이 뒤에서 끌어안았습니다. 빠져나가려고 몸을 튼 순간 선생님이 바지를 무릎까지 내렸다는 것을 알았습니다.

"내 와이프가 너만큼 키가 크면 좋을 텐데……."

아직 어린 나는 거인 같은 몸에 갇혀 움직일 수조차 없었습니다. 소리라도 내면 나를 죽일지도 모른다는 공포감에 사로잡혀 손가락 하나 움직이지 못한 채 부들부들 떨고 있었습니다. 성폭력을 당하는 아이가 왜 고함을 지르지 않을까 의아해하지만, 공포가 극에 달하면 목구멍이 말라붙어서 '악' 소리조차 나오지 않습니다.

'못 빠져나가면 큰일 나. 도망쳐야 돼…….'

선생님이 뒤에서 나를 당겨 안는 동안 도망치려고 온 힘을 다해 버둥거렸습니다. 팔 아래쪽으로 몸을 빼서 빠져나와 문을 향해 달리기 시작했습니다. 선생님이 황급히 손을 뻗으며 나를 잡으려고 달려오는 발소리가 들렸습니다. 평상시에는 두 손으로도 열기 힘들던 빡빡하고 무거운 문을 한 손으로 열어젖힌 뒤 복도를 달렸습니다. 온몸의 혈관이 오그라들고 두 귀에는 내 심장 소리만 쿵쿵 들렸습니다.

선생님은 계획적으로 아무도 없는 교실을 골라 미리 커튼을 쳐 두고 나를 불렀나 봅니다. 토요일 오후, 2층 교무실에는 당직 선생님뿐이라 내가 복도에서 소리를 지른들 아무도 도와줄 사람은 없었습니다. 그때 2층에서 누군가 내려오는 소리가 들렸습니다.

"정애야, 뭐 하노? 집에 안 갔나?"

다리에서 힘이 빠지고 몸이 부들부들 떨렸습니다. 할은이라는 친구였는데 어찌나 반가운지 "할은아!"라고 큰 소리로 이름을 불렀습니다. 그 소리를 들은 듯 선생님은 더 이상 나를 따라오지 않았습니다. 할은이와 함께 계단을 내려갈 때 선생님이 교실에서 나와 문을 닫는 소리가 들렸습니다. 우리는 우산도 없이 비를 맞으며 운동장을 걸었습니다. 집이 반대 방향이라 교문 앞에서 헤어졌는데, 그때 뒤따라오던 선생님이 곁으로 와서 우산을 씌워 주며 팔을 잡아당겼습니다.

"선생님, 우산 안 써도 되예"라고 말하고는 집을 향해 달렸습니다. 그날부터 일주일 동안 극도의 두려움에 사로잡혀 정상적인 생활을 할 수 없었습니다. 복도 끝에서 그 선생님이 걸어오면 가던 길을 되돌아와 계단 위에 숨었습니다. 밤에 잠도 못 자고 먹지도 못한 채 한숨만 쉬며 하루하루를 보냈습니다.

그날 이후 그 선생님은 수업 시간마다 맨 뒷자리에 앉은 내게 다가와 큰 손으로 팔 안쪽을 잡거나 내 허벅지를 움켜잡고서 "사람 몸 중에 여기가 제일 따뜻하지"라고 몸을 숙여 말한 뒤 지나가곤 했습니다.

중학생인 나는 성희롱이나 성폭력이라는 단어는 들어 본 적도 없었습니다. '성'이라는 것이 무엇인지도 몰랐고 아기가 어떻게 생기는지도 알지 못했으며 성교육은 한 번도 받아 본 적이 없었습니다. 그랬기에 그런 선생님의 행동은 그저 무섭고 섬뜩했고 내가 더럽혀진 것 같아 죽고만 싶었습니다.

며칠 동안 잠을 이루지 못할 만큼 예민해져 힘든 하루하루를 보내는 와중에도 수업 시간마다 선생님의 혐오스러운 행동은 계속되었습니다. 그러던 어느 날 우연히 화장실 벽에 붙어 있는 교육청 상담 전화번호를 보게 되었고, 용기를 내어 일주일 만에 전화를 걸었습니다. 내가 전화한 것을 알면 선생님이 더 나쁜 짓을 하거나 나를 때리거나 아예 소문을 내지 않을까 온갖 상상을 하며 괴로워했습니다. 토요일 오후 별다른 일이 일어나지 않아 가슴을 쓸어내렸지만, 그 후에도 오랫동안 수업 시간마다 그 선생님에게 성폭력을 당했습니다.

28년 전 이야기를 지금 와 새삼 꺼내는 이유는 이런 일이 내 딸에게는 일어나지 않기를 바라고, 혹시라도 이런 일을 당했을 때 용기 있게 대처하길 바라기 때문입니다. 지금은 과거의 상처를 끄집어내 있는 그대로 인정할 만큼 나이가 들었지만, 그 당시 나에게는 삶의 어떤 의욕도 꺾어 버릴 만큼 충격적인 사건이었습니다.

세상의 온갖 끔찍한 일이 내게는 절대 일어나지 않을 거라고 믿고 싶지만, 그렇지 않다는 것을 알고 있습니다. 남에게 나쁜 일이 생기면 대체 무엇을 잘못해서 저렇게 되었을까 생각하기보다 측은한 마음이 먼저 듭니다.

만약 그때 그 선생님에게 흔히 하는 말로 당하기라도 했다면, 그래서 아기라도 생겼다면 내 인생은 어떻게 되었을까요? 그래서 그때부터 남에게 일어나는 나쁜 일이 내게도 일어날 수 있으며, 그들의 아픔을 나누고 덜어 주고 싶다는 생각을 하게 되었습니다. 지금 내가 누리고 있는 온전한 삶은 누군가 대신 힘든 삶을 살고 있기에 가능하다는 믿음입니다. 나와 타인의 좋고 나쁨을 합한 1백 퍼센트의 상태가 이 세상이라고, 지금까지 그렇게 믿으며 살아왔습니다.

이 세상 누구에게도 절대 일어나선 안 되는 일이 어느 날 불쑥 찾아와 평생의 아픔으로 남을 수 있습니다. 그게 내 잘못으로 일어난 일이 아니듯 남에게 찾아온 불행도 그 사람이 잘못해서 생긴 일은 아닙니다.

우리 모두 기억하고 있는 '나영이 사건'. 조두순은 지금 감옥에 갇혀 있지만 나영이도 세상이라는 감옥에 살고 있습니다. 나영이가 성폭력을 당한 후 나영이 부모님을 힘들게 한 건 조두순에 대한 분노가 아니라 나영이를 피하고 따돌리며 놀리는 친구와 이웃이었다고 합니다.

세상 사람들은 내게 일어나지 않을 일에 대해 장담합니다. 절대 나만은 예외라고 믿습니다. 나 역시 어린 나영이가 될 수 있었습니다. 우리의 딸들이 행복하고 안전하게 살아갈 수 있는 대한민국을 간절히 소망합니다.

아름다운 아줌마

언제부턴가 아이들을 데리고 어딘가 가는 것이 호사스럽게 느껴집니다. 한순간 나 자신에게 몰두해 버리면 어느 한쪽의 균형이 깨져 어긋나는 결과가 눈앞에 드러납니다. 조금만 덜 신경 쓰면 학생들은 어김없이 교재를 한 권씩 빼먹고 오고, 일하느라 며칠간 새벽이 돼서야 잠들면 남편이 힘들어합니다. 당연히 밥상은 부실해지고, 집 안도 어지러워져 서로를 힘들게 합니다.

오히려 아이들은 엄마가 지치거나 예민하게 굴어도 융통성 있게 받아들입니다. 아파서 끙끙거리면 상준이는 내 머리를 짚어 보며 "어, 뜨겁네"라고 말하고는 방을 나갑니다. 건희는 힘들어서 밥을 시켜 먹자고 하면 "또! 아빠한테는 비밀로 해야 하나?"라며 눈웃음을 칩니다. 음식을 시켜 먹으면 아빠한테 엄마가 싫은 소리를 듣는다는 걸 알기 때문입니다. 민효는 엄마에게 전화를 걸어 묻습니다.

"엄마, 어디야?"

민효에게 엄마는 늘 집 아니면 학원에 있는 사람입니다. 어린아이의 머릿속에도 선생님인 엄마와 집에 있는 엄마가 공존하는 것처럼 보입니다. "엄마 집에 있어"라고 말하면 오빠들 안부를 묻고 "엄마 학원이야"라고 대답하면 "언니들은 어디 있어?"라며 제자들의 안부를 묻습니다.

일하는 엄마들이 모두 그렇듯 나에게 가정과 일, 아이 셋은 어느 하나라도 균형을 깰 수 없는 일상입니다. 더욱이 대학원 공부와 사이버 대학교 조교 일까지 더하면 가끔 나 자신이 정신을 아주 잘게 쪼개 모두에게 골고루 나눠 주는 '공기' 같다는 생각을 합니다. 퍼 주어도 퍼 주어도 표가 나지 않는 공기 말입니다. 아이들에겐 언제나 그 자리에 있어서 소중함을 모르는 엄마, 학생들에겐 엄마 같은 모습으로 늘 그 자리를 지켜 주는 든든한 울타리 같은 존재. 하지만 늘 곁에 있기 때문에 있는지도 모르는 존재. 그러나 없으면 정말 큰일 날 것 같은 존재. 나는 공기 같은 존재입니다.

가끔 엄마가 이기적인 삶의 성취나 목표 때문에 바쁜 일상을 살아가고 있고, 그래서 자신을 소홀히 한다고 오해하지 않을까 두려울 때가 있습니다. 진작 자신에게 같은 질문을 숱하게 반복했기에 내가 왜 이렇게 사는지 반문하면 허탈한 대답이 돌아올 뿐이라는 것을 스스로도 잘 알고 있습니다.

'그냥 살다 보니 이런 자리에 와 있었어. 살다 보니 나를 의지하는 사람이 있었고, 나를 선생이라고 불러 주는 아이들이 있어서 참된 선생이 되어야 한다고 생각했어. 살다 보니 나의 부족함 때문에 아이들의 인생을 담보로 하는 나쁜 선생이 될 수 있다는 것을 깨달았어. 그래서 공부를 해야 했어. 그러다 문득 내가 이렇게 바쁜 삶 속에 들어와 있는 것을 알게 되었지.'

대한민국 여성으로 자신의 꿈을 이루기 위해 공부하며 가정을 꾸려 아이 셋을 키우고, 돈을 번다는 것은 쉬운 일이 아닙니다. 절대 만만한 일이 아닙니다. 특별한 행사라도 없으면 시댁에 얼굴 비치는 것도 쉽지 않고 제사 음식 한번 변변히 준비해 본 적이 없습니다. 일하느라 제사에도 참석하지 못해 늘 죄스러운 며느리입니다. 아침에 아이들을 제때 깨워 주지 못해 지각 대장을 만들고, 아이들 숙제와 준비물을 챙기지 않아 꾸중 듣고 다시 그 먼 길을 돌아오게 하는 못난 엄마, 귀한 딸을 봐줄 사람이 없어 결국 친정에 1년째 맡겨 두고 주말에만 얼굴을 보여 주는 엄마, 하루 12시간 덤프트럭을 몰고 지친 몸으로 집에 돌아온 남편이 늘 빈집의 불을 켜고 자기 손으로 밥을 차려 먹게 만드는 부족한 아내입니다. 돌이켜 보면 내가 일과 공부를 병행한다는 이유만으로 가족에게 희생을 강요하고, 또 한편으로는 희생을 당연히 받아들이라고 요구하면서 살아왔는지도 모릅니다.

어느 날 학교 게시판에 올린 후배의 글을 읽었습니다. 아이가 어리고 남편도 힘들어하는데 공부를 계속해도 될지 고민스럽다는 내용이었습니다. 나는 주저하지 않고 내 이야기를 해 주었습니다.

2009년 9월 9일

저는 영어 학원 원장입니다.

학원에서 보통 하루 여섯 시간을 직접 강의하고 오후 2시부터 밤 12시까지 일합니다. 방학 때는 오전 9시부터 밤 12시까지 일합니다. 학원의 모든 교재는 제가 직접 만듭니다. 큰아들이 엄마가 가장 불쌍해 보일 때가 컴퓨터로 자료 만들 때라고 할 만큼 저는 무섭게 일합니다. 학원에서는 밥 먹을 시간이 없어 아르바이트하는 선생님이 밥 좀 먹고 일하라며 밥을 해서 날라줄 정도입니다. 일요일에는 고3 수업을 오전 9시에 시작해 오후 6시까지 합니다. 일요일 저녁이 저에겐 유일한 휴식 시간입니다.

저는 늦깎이 대학원생입니다.

대구에서 KTX를 타고 서울로, 다시 서울역에서 지하철을 타고 학교에 도착해 늘 빠듯하게 교육대학원 수업을 듣습니다. 밤엔 언니 집에서 자고 그다음 날 저녁 수업을 들은 뒤 대구로 내려갑니다. 어느 날에는 하루에 세 번 KTX를 탈 때도 있습니다. 집에서 기다리다 지쳐 잠든 아이들에게 서울역에서 사온 곰돌이 사탕을 하나씩 쥐여 주는 나이 든 학생입니다.

저는 사이버 대학교 과목 조교입니다. 학생들은 저를 튜터라고 부릅니다.

튜터 급여는 한 학기에 1백만 원입니다. 돈을 보고는 도저히 할 수 없는 일이지만 이렇게라도 후배들과 소통하고 싶어 잠자는 시간을 쪼개 하겠다고 다짐하고 결정한 일입니다.

현재 토익 RC & Writing 튜터를 맡고 있습니다. 실시간으로 학생들의 질문에 답변해야 하고 Writing 첨삭과 과제 정리가 산더미입니다. 지난주에는 제본 작업 때문에 며칠 밤을 꼬박 새웠습니다. 교재비 내지 않은 학생 몫까지 내가 물어내면서도 감사글 하나에 그저 좋아 웃고 사는 바보 튜터입니다.

저는 세 아이의 엄마입니다.

큰아들은 초등학교 5학년, 둘째 아들은 1학년, 그리고 재작년에 입양한 제 보물, 우리 막둥이 딸은 지금 대소변 가리는 연습을 하고 있는 두 살배기입니다. 입양한 그날부터 한 달간 신기하게도 나오기 시작한 내 모유를 먹고 자란 딸은 내가 살아가는 힘입니다. 내가 죽고 없을 몇십 년 후 홀로 입양아로서 겪게 될 차별과 상처를 이겨 낼 수 있도록 강한 아이로 키워야 할 의무가 있습니다. 내 딸을 너무나 사랑하지만, 실상은 일요일에만 겨우 시간을 내 함께 놀아 주는 세상에서 제일 못난 엄마입니다.

저는 한 남자의 아내입니다.

결혼한 후 이날까지 늘 빈집에 들어와 혼자 저녁을 먹게 하고, 혼자 잠을 자게 해 외롭게 만들었습니다. '평범한 여자가 아내였으면 좋겠다'며 힘들어하는 남편에게 어떤 답도 주지 못하는 참 자격 없는 아내입니다. 사이버 대학교에 입학해 공부하느라 밤을 새우던 시절 "서울에 있는 대학원 들어갈 거면 이혼 서류에 도장 찍어"라며 화내던 그는 막상 내가 외대 교육대학원에 합격한 날 "우리 마누라 정말 장하다. 수고했어"라고 말하며 같이 울어 준 소중한 사람입니다.

저의 하루 일과는 아이들을 위한 아침상을 차리고 학교 홈페이지에 접속해 답글을 단 뒤 아이들을 학교에 보내는 것으로 시작합니다. 청소를 하고 저녁 반찬을 미리 만들어 두고 빨래를 합니다. 그사이 잠이 깬 막둥이와 목욕을 한 뒤 어린이집에 데려다 주면 오전 11시입니다. 한 시간 정도 낮잠을 잔 뒤 12시 넘어 출근합니다. 교재를 만들고 간간히 수업을 하거나 학부모와 상담을 합니다. 틈틈이 학교 홈페이지에 접속해 첨삭과 답변을 달기도 합니다. 밤 12시쯤 귀가해 집안 청소를 하고 아침밥을 지은 뒤 밀린 공부를 합니다. 영자 잡지와 헤럴드 신문을 본 뒤 새벽 3시쯤 잠듭니다. 우리 동네 택배 회사 기사님들은 저희 집을 모두 압니다. 장보러 나갈 시간이 없어 옷가지는 물론 아이들 학용품, 생활용품까지 모두 인터넷으로 주문하니까요.

누가
여자 학우님들,
아줌마 학우님들에게 등록금을 환불하라고 하면
당당히 물어보세요.
왜 내가 여기 왔고
왜 내가 여기 있어야 하고
결혼했지만 나의 자아를 위해

미치도록, 정말 미치도록 하고 싶고 되고 싶은 것이 무엇인지 말입니다.
미치게 되고 싶은 게 없고
미치게 하고 싶은 욕망도 없다면
환불하세요.
아줌마가 제일 편하게 댈 수 있는 변명은
남편과 자식 때문 아닙니까?
얼마나 편합니까?
하지만 그거 아세요?
세상은 항상 똑같고
세상의 모든 일은 내 마음에 달려 있고
그래서 모든 일의 결과는
결국 내 탓이라는 것을요.
내가 못하겠어서 그만두는 것이지
가족이 못하게 해서 그만두는 것은 아니라는 말입니다.
의지만 있다면 주변을 변화시킬 수 있는 지혜도 함께 주어집니다.

흔들리면 다시 물어보세요.
여기 왜 왔느냐고.

아줌마는 대한민국에서 가장 아름다운 이름이고
가장 가치 있는 직업이고
가장 소중한 결혼한 여자의 애칭입니다.
그리고
그 아줌마가 가장 아름다워 보일 때는

가족의 중심에서 행복을 만들고
자신의 자아를 찾으며 늘 열심히 생활할 때라고 생각합니다.
죽을 때까지 아름다운 아줌마가 되시기 바랍니다.
그게 꼭 공부가 아니어도 좋지 않습니까?
그렇지만 그게 공부여도 괜찮지 않겠습니까?

저도 잘 사는데
우리 후배는 더 잘하실 거니까
나의 당찬 아줌마 후배들은 더 잘하실 거니까
부디 포기하지 마시기 바랍니다.
힘내세요.
더 나은 당신을 보게 될 날이 올 것입니다.
함께 힘냅시다. 파이팅!

2009년에 후배에게 남긴 이 글을 다시 읽으면서 나를 추스릅니다. 이 글을 쓸 때, 내가 얼마나 치열하게 살고 있었는지 잘 압니다. 그 후 햇수로 두 해가 지났건만 나의 사는 모습은 거의 차이가 없습니다. 나는 여전히 치열하게, 스스로를 포기하지 않고 살고 있습니다. 이런 내가 있기까지 남편과 세 아이가 감당해야 한 수고는 이루 말할 수 없을 정도입니다. 하지만 조금 더 힘을 내려 합니다. 내가 여자이기 때문에 내가 한 남자의 아내이고 세 아이의 엄마이기 때문에 나 자신을 포기해야 한다고는 생각하지 않습니다.

내게는 내 영어책으로 아이들을 공부시키겠다던 꿈이 있었습니다. 내가 쓴 책으로 지금 학원 아이들이 공부하고 있으니, 이제 그 꿈을 이룬 셈입니다. 하지만 아직 내게는 해야 할 일이 많습니다. 외대 교육대학원에 진학하며 품은 나의 꿈, 누구나 쉽게 영어를 배울 수 있도록 돕고 싶다는 꿈을 포기하지 않았습니다. 물론 대한민국의 모든 아이들보다 나의 세 아이가 내게는 더 소중합니다. 벌써 마흔이 되었지만 아직은 그렇게 쉽게 나를 포기하고 싶지 않습니다. 분명 아직 할 일이 남아 있고, 내가 할 수 있는 일이 있다는 것을 압니다. 사랑하는 가족이 내 곁에서 나를 응원해 주기를 바랍니다.

세상에서 가장 큰 감옥

가끔 학생들에게 세상에서 가장 큰 감옥이 어디인지 아느냐고 묻습니다. 세상에서 가장 큰 감옥은 바로 가자 지구와 서안 뱅크 지역으로 현재 팔레스타인 자치 정부가 있는 곳입니다. 2008년 대학원 수업 시간에 팔레스타인과 이스라엘을 분석하는 발표를 한 후로 팔레스타인을 동정하게 되었습니다. 흔히 이스라엘과 팔레스타인의 피로 얼룩진 역사를 말할 때 종교 때문이라고 합니다. 하지만 그 전쟁의 중심에는 '땅'이 있었습니다. 현재 이스라엘 땅은 구약성서에 따르면 유대인에게 야훼가 주신 약속의 땅입니다. 그러나 그 땅에 유대인 왕국을 세우기 전부터 수천 년간 살아온 팔레스타인인에게 이스라엘인은 이방인에 불과했습니다. 1917년 영국이 유대인의 민족국가 건설을 지지하는 밸푸어선언을 한 데 이어 시오니즘, 나치의 학살이 시작되면서 유대인이 빠르게 중동 지역으로 유입되었습니다. 유대인 정착촌에서 힘을 키운 이스라엘 세력은 1948년 이스라엘 건국을 선언했고, 결국 유대인과 아랍인의 네 차례에 걸친 전쟁을 불러왔습니다. 1차 중동전쟁 이후 이스라엘은 팔레스타인 땅의 80퍼센트를 차지했고, 그때부터 그 땅에 살던 팔레스타인인은 주변국으로 흩어져 난민촌에서 생활하게 되었습니다. 1964년부터 팔레스타인해방기구(PLO)가 팔레스타인 해방운동을 이끌고 있고, 1975년 국제연합은 팔레스타인의 민족 자결권과 더불어 PLO를 수반으로 하는 팔레스타인을 준국가로 인정하는 결의안을 채택합니다. 현재 팔레스타인은 요르단 강 서안 뱅크와 가자 지구를 그들의 영토로 인정받고 있습니다.

이스라엘은 팔레스타인 자치 정부가 있는 요르단 강 서안 뱅크 지역과 가자 지구에 2002년부터 콘크리트를 이용해 8미터 높이의 분리 장벽을 세우고 있습니다. 이 콘크리트 장벽 외에도 거대한 철 구조물 등을 세웠을 뿐 아니라, 각각의 초소를 이스라엘군이 지키며 팔레스타인인의 이동을 철저히 통제하고 있습니다.
베들레헴과 나사렛이 얼마나 중요한 곳인지는 알고 있을 겁니다. 종교적으로 보면 기독교와 유대교, 이슬람교 모두 성지로 여기는 신성한 곳입니다.

2009년 9월 1일, 시선을 끄는 한 장의 사진을 보았습니다. 그 사진을 처음 본 순간 아이가 민효를 닮았다는 생각을 지울 수 없었습니다. 피투성이가 된 아이의 얼굴, 울고 있는 그 아이를 안은 아버지의 절박한 표정이 내 머릿속에 생생히 박혔습니다. 가자 지구 폭격으로 많은 아이들이 목숨을 잃고 있습니다. 물론 가자 지구의 공습을 하마스의 무장봉기와 이스라엘에 대한 무차별 자살 테러가 촉발했다는 것도 압니다. 하지만 가자 지구에 있는 팔레스타인인은 모든 것을 봉쇄당한 채 하루하루 죽어 가고 있습니다. 불과 며칠 전만 해도 이스라엘의 가자 지구 폭격으로 세 명의 아이가 목숨을 잃었습니다. 우리는 무차별 폭격이 얼마나 무섭고 끔찍한 것인지 잘 알고 있습니다. 2010년 11월, 연평도에 북한군이 무차별 포격을 가해 민간인이 목숨을 잃었습니다. 정말 묻고 싶습니다. 남과 북으로 갈려 서로에게 총부리를 겨눈 채 살아가는 우리나라의 실상이, 팔레스타인과 이스라엘의 대치 상황으로 내일은커녕 오늘의 삶도 보장받지 못한 채 가자 지구에 갇혀 목숨 부지하기도 힘든 아이들의 현실과 무엇이 다른지 말입니다.
팔레스타인의 한 임신부가 이스라엘 군인이 쏜 총에 맞아 숨진 사건이 있었습니다. 뱃속의 아기는 등에 총알이 박혀 죽은 채 태어났습니다. 세상의 빛도 보기 전에 아기는 엄마 뱃속에서 총에 맞아 죽었습니다. 이스라엘도 마찬가지입니다. 장보러 나간 엄마가 팔레스타인의 자살 테러로

죽임을 당합니다. 그 자살 테러를 감행한 사람은 다름 아닌 팔레스타인의 두 아이 엄마입니다. 먼 나라 중동에서 들려오는 이런 이야기를 우리는 단지 종교전쟁이라고 쉽게 생각합니다.

나는 딸아이의 엄마입니다. 그리고 두 아들의 엄마입니다. UFO가 실제로 존재한다는 것을 다룬 공중파 텔레비전 프로를 보면서 새삼스럽게 세상이 참 빠르게 변한다며 격세지감을 느끼지만, 실제로 이 세상은 여전히 편협합니다. 우리는 편하게 알고 싶은 것만 알고, 듣고 싶은 것만 듣고, 인정하고 싶은 것만 인정합니다. 성가시고 불편한 일에는 눈을 감고 귀를 막아 버립니다.

아직도 이 세상에 총에 맞아 죽는 아이들, 어른들의 이기심 때문에 전쟁을 현실로 바라보는 아이들, 가난한 나라의 굶주리는 아이들, 에이즈에 걸린 채 태어나 죽을 날을 기다리는 아이들이 있다는 사실을 알아야 합니다. 알면 마음이 불편하겠지만 결코 부인할 수 없는 현실이니까요.

어느 날 내 아이가 총에 맞아 길바닥에 쓰러져 있다고 생각해 보세요. 어느 날 내 아이가 놀이터에서 놀다가 하늘에서 떨어진 폭탄에 형체도 없이 산산조각 나 죽었다고 생각해 보세요. 어느 날 내 아이가 폭격에 무너진 집 안에서 죽어 간다고 생각해 보세요. 이런 상상에 마음이 아프다면 부디 세상에 이런 아이들이, 그리고 아이를 잃고 가슴을 치는 부모가 있다는 것을 기억해야 합니다.

비록 가난하지만 '나'만 생각하며 살지 말고 '남'도 함께 갈 수 있는 길을 고민하는 삶을 살기를 바랍니다.

세상에서 가장 큰 감옥은 바로 내 마음속에, 우리 자신의 마음속에 있습니다. 민효는 자기 마음속 감옥에서 벗어나 세상을 향해 힘차게 전진하는 삶을 살기를 소원합니다.

미혼모

당신의 고등학생 딸이 임신을 했다고 하면 어떤 기분이 들까요? 처음에는 딸에 대한 실망감과 배신감으로 이루 말할 수 없는 분노를 느낄 겁니다. 뒤이어 부모로서 역할을 제대로 하지 못해 그런 일이 일어났다는 생각에 죄의식을 느끼게 됩니다. 그리고 주변 사람들의 반응을 염려하며 미래에 대한 두려움으로 고통받게 됩니다.

손자 손녀가 생기는 것은 누구에게든 행복한 선물이지만 이제 고작 40대 중반인 당사자에게 딸의 임신 사실은 주저앉아 통곡하고 싶을 만큼 당황스러운 일입니다. 하지만 무엇보다도 중요하게 고려해야 할 점은 바로 아기를 가진 어린 딸입니다. 이 문제가 가족 모두에게 정말 힘든 일이라는 것은 분명하지만, 지금 이 순간 딸에게 가장 필요한 사람은 엄마와 아빠라는 이름의 당신입니다. 딸에 대한 실망감과 분노, 두려움 등 수많은 감정이 교차할지라도 딸과 가식 없는 대화를 할 수 있어야 합니다. 내 딸을 보호하고 감싸 주어야 합니다.

원해서 임신한 10대 산모는 없습니다. 그러니 무엇보다도 딸이 느낄 두려움과 공포를 생각해야 합니다. 세상이 딸아이를 향해 던질 무수한 비난을 견뎌 내고 용기를 낼 수 있도록 부모의 지속적인 믿음과 사랑이 필요합니다.

딸아이가 임신했다고 말하는 시기는 대부분 5개월이 지났을 때로 이미 아기를 포기하기엔 늦은 시점입니다. 10대 임신부는 성에 대한 지식이 부족하기 때문에 임신했다는 사실조차 모른 채 서너 달을 보내기 일쑤입니다. 실제로 10대 소녀는 시험 기간이 다가오면 예민해져서 생리를 서너 달 긴너뛰는 경우도 허다하기 때문에 임신 사실을 바로 알아차리기 어렵습니다. 무엇보다도 임신한 딸아이의 건강 상태부터 점검해 봐야 합니다.

아기를 낳을 것인지, 포기할 것인지 결정할 때도 우선 딸의 의견을 충분히 들어 주어야 합니다. 부모라는 이유로 강압적으로 모든 것을 결정하려고 하면 오히려 어린 딸은 돌발 행동을 할 수도 있습니다. 부모와 딸의 열린 대화만이 현명한 해결 방안을 끌어낼 수 있습니다. 만약 딸이 출산하기로 결심했다면 경제력이 뒷받침될 때까지 아기를 키우는 데 조부모로서 도움을 줄 수 있는지, 아니면 아기를 더 나은 환경에 입양 보낼 것인지 생각해야 합니다.

어린 딸의 임신과 출산 결정, 부모로서 감당하기 힘든 현실일지라도 세상 사람 편에 서서 딸을 손가락질해서는 안 됩니다. 당신의 딸이 살아온 날 중에서 가장 힘들어할 때 옆에서 손을 잡아 주며 혼자가 아니라는 사실을 일깨워 주세요. 엄마와 아빠는 언제나 네 편이라는 것을 알려 주어야 합니다. 아기는 신이 인간에게 주신 선물이지만 아기를 키우는 것은 책임이 따르는 일입니다. 엄마는 경제력이 있어야 합니다. 기저귀도 사고, 분유도 사고, 아기 옷도 사고, 아기가 성장하는 데 필요한 갖가지 물건을 사야 하니까요.

하지만 이런 부모의 역할이 버거운 사람이 있습니다. 바로 학교에 다니는 미성년 엄마입니다. 성인 여성도 혼전에 아빠 없는 아기를 낳는 경우 손가락질을 받는 대한민국의 정서를 고려하면, 미혼모에 미성년인 그들이 아기를 낳아 키우는 것은 거의 불가능한 일이라고 할 수 있습니다. 게다가 엄마가 생활이 불안정하고 가난하다면 더욱 그렇습니다.

아기를 낳을 것인지 선택하는 것도 쉬운 일은 아닙니다. 그렇게 힘겹게 아기를 낳기로 결정하고 미혼모 시설에 입소한 어린 엄마의 입장에서 아기를 낳자마자 입양 기관에 보내는 것은 정말 가슴 아픈 일입니다. 세상 사람들이 쉽게 말하듯 그들은 아기를 버린 것이 아닙니다. 아마 '나보다 잘 키워 줄 수 있는 가정에 아기를 보내자'라고 생각했을 것입니다. 그것이 그들이 선택할 수 있는 최선의 길이었을 테니까요.

낳은 아기를 버리고 싶어서 안달하는 미혼모는 세상에 없습니다. 쓰레기통에서 신생아가 나왔다는 극단적인 기사를 보고 짐승만도 못한 인간이라며 낳은 엄마를 비난하기도 하지만, 한편으로 아기를 낳은 고등학생이 정상적인 생활을 하지 못하게 하는 어른들의 이중성도 짚고 넘어가야 합니다. 고등학생이 임신하면 자퇴를 종용합니다. 게다가 부모가 보수적이어서 절대 임신 사실을 못 받아들일 것이라고 판단하면 어린 엄마는 극단적인 행동을 취할 수밖에 없습니다. 아기를 낳을 미혼모 시설에 입소해 몇 달간 연락을 끊을 수도 있고, 배에 복대를 하고 임신 사실을 숨긴 채 아기를 낳아 어딘가에 버릴 결심을 할 수도 있습니다.

한 해에 2천 명이 넘는 10대 미혼모가 대한민국에서 아기를 낳습니다. 그중 1천 명의 아기가 국내로 입양되고, 나머지는 해외로 입양 보냅니다. 대한민국에서 어린 미혼모는 아기를 포기할 수밖에 없는 것이 현실입니다. 편하게 낙태를 할 수도 있는데 어린 미혼모가 출산하기로 결심했을 때는 뱃속에 있는 아기를 사랑하기 때문일 겁니다. 하지만 현실의 벽에 밀려 아기를 입양 보낼 수밖에 없겠죠. 그렇게 곁에서 떠나보낸 아기를 그리워하고, 아이를 버렸다는 죄책감에 괴로워하며 평생을 살아갈 수도 있습니다. 입양이라는 이름으로 우리 집에 온 천사는 어린 미혼모가 목숨을 걸고 열 달을 키운 소중한 아기입니다. 열 달 동안 어떤 식으로든 자신을 희생하며 아기를 지킨 강한 엄마의 아기입니다. 그녀에겐 무엇과도 바꿀 수 없는 소중한 아기입니다. 그 소중한 아기가 입양이라는 절차를 통해 우리 아기가 될 수 있습니다. 그녀의 소중한 아기가 우리에게 이제까지 경험하지 못한 행복을 가져다줄 것입니다. 그래서 죽을 때까지 아기를 그리워할 그녀도 희망이라는 두 글자를 가슴에 품은 채 오늘을 살아갈 것입니다.

거꾸로 바라보기

공개 입양

아이가 입양 사실을 알고 상처받을 것을 두려워해 평생 비밀에 부치겠다는 무모한 시도는 하지 말았으면 합니다. 물론 자신이 입양아로 낳아 준 엄마가 따로 있다는 사실을 알았을 때 아이는 상처를 받을 수 있습니다. 입양된 아이는 어쩌면 영원히 볼 수 없을지도 모르는 엄마가 있다는 사실만으로도 큰 슬픔을 안고 살아가야 합니다. 아무리 입양된 집에서 가족의 사랑을 받으며 행복한 시간을 보내도, 긍정적이고 밝은 아이라고 해도 그 슬픔은 우리가 대신해 줄 수 없는 아이의 현실입니다.

손바닥으로 하늘을 가릴 수는 없습니다. 자신에 관한 중요한 사실을 자신만 모르고 있었다는 배신감에 아이가 당신을 떠나는 슬픈 일이 생기지 않기를 바랍니다. 입양된 아이의 경우 대개 사춘기가 되면 자신을 낳아 준 부모에 대한 호기심이 절정에 다다르지만 그 순간에도 곁에 있는 엄마와 아빠를 사랑하는 마음만은 변함없다고 합니다.

두 아들을 키우고, 많은 학생이 대학생이 될 때까지 성장 과정을 지켜봐 온 나는 아이를 양육하는 것이 모든 부모에게 큰 도전이라는 것을 압니다. 내가 낳은 자식도 사춘기가 되면 '저 녀석이 나를 미워하는 것은 아닐까?' 싶어 낙담할 때가 있으니, 배 아파 낳은 자식과 가슴으로 낳은 자식의 문제는 아닐 것입니다. 아이들은 성장 과정에서 자신의 정체성에 대해 수많은 질문을 하게 됩니다. 이럴 때 준비가 되지 않은 부모는 혹여 아이가 자신을 사랑하지 않는 것은 아닐까, 아이가 잘못되는 것은 아닐까 걱정하며 가슴앓이를 하게 됩니다. 가장 좋은 방법은 입양한 가족 모임이나 지역 모임에 참여해 함께 고민을 나누고, 선배 입양 가족의 이야기를 들어 보는 것입니다.

이 글을 쓰는 나도 두려울 때가 있습니다. 민효가 받게 될 상처를 생각하면 가슴이 아픕니다. 하지만 상처를 주지 않으려고 아이를 평생 속이고 싶지는 않습니다. 어차피 받아들여야 하는 현실이라면 일찍 알게 해서, 세상의 편견이나 차가운 시선에 맞서 대처해 나갈 수 있도록 함께 고민하고 가르쳐 줄 생각입니다. 만약 입양아라는 사실 때문에 누군가 민효를 놀려 울면서 돌아오면 아이 엄마로서 기꺼이 담임선생을 찾아갈 것입니다. 일일 교사를 자청해 입양에 대해 아이들 눈높이에서 설명해 이해를 도울 것이고, 민효가 남들과 다르지 않은 소중한 내 딸이라는 사실을 알게 해 줄 것입니다. 누군가 민효에 대해 귀엣말을 하면 당당하게 "궁금한 게 있으면 뭐든 물어보세요"라고 말해 그들을 당황스럽게 할 것입니다.
혼자만의 비밀로 간직한 채 아기를 볼 때마다 언젠가 내게 등을 돌릴 수도 있다는 두려움을 안고 살아가거나, 필연적으로 찾아올 사춘기에 혹여 그 이야기를 어디서 듣게 되지는 않을까 불안해하며 아이를 키울 생각이라면 지금 당장 입양을 다시 생각해 보라고 권하고 싶습니다.
편견의 벽을 허물고 아이들이 행복한 미래를 꿈꾸길 바란다면 입양하는 부모가 먼저 용감해져야 합니다. 교육받고 공부하고 아이의 미래를 위해 교류해야 합니다. 그리고 입양하지 않은 수많은 가정에서 입양된 내 딸이나 우리 집을 특별한 존재나 특별한 가정으로 인식하지 말아야 합니다.

내가 바라는 세상

내가 간절히 소망하는 것은 '사회적 편견'이 없는 세상입니다. 고등학생 딸이 임신한 사실을 알려도 부모가 용감하게 딸의 입장에서 생각해 줄 수 있는 사회, 미성년자가 어떤 이유로든 아기를 낳았을 때 손가락질당하지 않고 살 수 있는 사회, 미혼모가 아기를 낳아도 입양 보내지 않고 경제적 어려움 없이 살아갈 수 있는 사회를 원합니다.

입양은 차선의 선택일 뿐입니다. 미혼모가 학교를 그만두거나 돈을 벌지 않으면 아기를 혼자 키울 수 없는 사회이기 때문에 친권을 포기하는 것입니다. 미혼모가 된 그 순간부터 엄청난 사회적 편견을 감수해야 하는 것이 우리나라의 현실입니다. 취직할 때도 불이익을 당하고 차후 결혼할 때도 불이익을 감수해야 합니다. 그런 사회에서 어린 미혼모가 선택할 수 있는 길은 두 가지입니다. 임신한 사실을 숨기고 몰래 낳아서 아기를 버리든가, 임신한 사실을 말하고 낙태하거나 여의치 않은 경우 미혼모 시설에 입소해 아기를 출산한 뒤 입양 보내는 것. 우리 사회에서 어린 미혼모가 선택할 수 있는 길은 그 두 가지뿐입니다.

어른들은 지금까지 미혼모를 어떻게 대해 왔을까요? 핏줄을 버린 파렴치한 여자, 짐승만도 못한 사람이라고 손가락질하지 않았나요? 어른들이 나서서 어린 미혼모가 아이를 키울 수 있는 환경을 만들어 주기는커녕 그렇게 할 수밖에 없었던 약자를 손가락질합니다.

그들을 두둔하면 미혼모가 더 많아진다고 걱정하는 사람도 있습니다. 하지만 제대로 된 성교육을 받지 못한 10대는 우리가 상상도 하지 못한 어린 나이에 성을 경험하고 있습니다. 자신이 자란 환경을 들먹이며 아이들에게 성을 죄악시하도록 강요하는 기성세대는 이제 발상을 전환해야 합니다. 아이들은 생각보다 빠르게 자랍니다. 중학교 1학년이면 어떤 식으로든 성행위 장면을 보게 됩니다. 그리고 동영상에서 본 그 성행위가

진짜라고 믿게 됩니다. 호기심이 깊어지면 모방을 하려고 하겠지요.
아이들은 이미 성에 노출되어 있는데도 어른들은 그 현실을 외면하고 싶어 합니다. 아이들에게 좀 더 현실적인 성교육을 해야 합니다. 아직 우리나라는 10대의 성행위를 당연시하는 미국처럼 공교육 현장인 학교에 콘돔을 비치할 정도로 성에 대해 자유롭지 않습니다. 감추고 억누르고 심지어 죄악시하기도 합니다. 성폭행을 당한 아이가 소중한 순결을 잃었다는 생각에 자살을 선택하는 일이 더 이상 없도록 아이들에게 성이 무엇이고 어떤 의미가 있는지, 제대로 행하지 않을 경우 어떤 결과가 올 수 있는지, 어떻게 대저해아 히ㄴ지 현실적으로 진지하게 교육해야 합니다.
입양을 이야기하기 전에, 더 이상 불행한 미혼모가 생기지 않도록 적절한 교육을 병행해야 합니다. 또 어린 미혼모가 낳은 아이를 직접 키울 수 있도록 사회복지제도를 보강해야 합니다. 그럼에도 아이를 양육할 형편이 안 되어 입양을 보내야 한다면, 한 해에 2천 명 남짓한 소중한 아기를 우리 사회가 안아 주어야 합니다. 그들 중 아들이라는 이유로, 장애가 있다는 이유로 해외로 입양되는 아기가 아직도 국내 입양아 숫자와 비등하다는 사실도 염두에 두어야 합니다.
입양하는 부모도, 입양된 아기도 당당히 열린 공간으로 나갈 수 있도록 편견 없는 사회 분위기를 만들어야 합니다. 우리가 만든 편견과 사회적 장벽, 그 모든 것을 한쪽 편에 서서 계속 무관심하게 바라보거나 비판만 한다면 세상은 결코 변하지 않습니다. 무언가 잘못되었다고 생각한다면 그것을 바꾸려고 노력해야 합니다. 그렇게 잘못된 것을 하나하나 바로잡아 가는 따뜻한 대한민국을 꿈꿉니다.

엄마인 내가 알지 못하는 것

입양 기관은 입양 보내길 원하는 엄마나 아빠와 면접을 통해 병력을 비롯해 아기를 양육하는 데 꼭 필요한 자료를 조사합니다. 그러나 이런 자료는 아기를 입양하는 부모에게 전혀 전달되지 않습니다. 단지 입양한 부모가 알 수 있는 것은 아기를 낳은 부모의 간략한 사정과 양쪽 집안의 가족 병력이 없다는 것 정도입니다.

아이를 키우는 부모가 아이의 병력이나 아이를 낳은 부모의 집안에 대해 모를 경우 미래의 어느 날 극단적인 문제로 치달을 수도 있습니다. 드라마에서 일어나는 일이 내 딸에게도 생기지 말라는 법은 없기 때문입니다. 핏줄을 중시하는 우리나라에서 내 딸은 자기를 낳아 준 엄마와 아빠의 성씨나 본을 알지 못합니다. 한번 이 문제를 달리 생각해 봅시다.

내 딸은 내 남편의 성을 따라 박씨 성을 씁니다. 아이가 자라 어른이 되면 좋아하는 사람이 생길 테고 그 사람과 결혼하고 싶어질 것입니다. 만약 내 딸이 결혼할 그 남자가 같은 피를 물려받은 사촌 오빠거나 혈족이면 어떻게 될까요? 나이 차가 많이 나는 결혼이 트렌드로 떠오른 요즘 같은 세상에서는 더 엄청난 일이 일어날 수도 있습니다. 민효와 민효를 낳은 아빠의 나이 차는 고작 열여덟 살. 만약 민효가 누군가를 사랑하게 됐는데 나중에 알고 보니 그 사람이 자기 아빠라면 어떻게 되는 걸까요? 설마 그런 일이 실제로 일어나겠느냐고, 과민 반응을 보이는 거라고 말할 수도 있습니다. 하지만 혈족 간의 결혼은 2세를 출산했을 때 유전적으로 결함 있는 아기가 태어날 확률이 그만큼 높습니다. 만약 내 딸이 자신을 낳은 엄마와 아빠의 성씨 정도만 알고 있어도 이런 경우는 피해 갈 수 있지 않을까요? 입양 기관은 아는데 우리는 몰라야 하는 이유가 무엇일까요? 아기를 입양 보낸 부모의 이름 석 자를 모두 가르쳐 달라는 것이 아니니 친부모를 보호한다는 법 취지에 어긋나는 일도 아닐 텐데 입양 기관에서는 알려 줄 수 없다고 했습니다.

민효가 건강한 아기를 낳을 권리를 단지 입양된 아이라는 이유만으로 박탈당해선 안 된다고 생각합니다. 민효는 자기를 낳은 부모의 가족력에 대해서도 알지 못합니다. 나도 모두 건강하다는 사실만 전해 들었을 뿐입니다. 아기의 가족력에 암이나 고혈압이 있다는 등의 자료를 상세히 공개하면 아무래도 입양 순위에서 배제될 수 있기 때문이겠지요. 하지만 아기를 입양한 후, 입양한 부모가 요청하면 친부모에 대한 자료의 열람권은 보장해야 한다고 생각합니다. 아이가 건강하게 자라길 바라는 엄마의 입장에서 꼭 개선됐으면 하는 부분입니다.

민효가 커서 친부모를 만나고 싶어 하는 순간이 오더라도 그들이 스스로 찾아올 때까지 기다리라고 말해 줄 생각입니다. 이제 20대 초반인 민효의 엄마와 아빠가 함께 살고 있을 거라는 보장도 없고, 만약 헤어져 누군가 다른 사람의 아내와 남편으로 살고 있다면 어린 나이에 민효를 출산했다는 사실을 알리는 것이 쉬운 일은 아닐 테니까요. 물론 민효에게는 힘든 결정이겠지만, 이런 일은 인내심을 갖고 기다려야 한다고 조언할 겁니다. 하지만 정작 민효는 법적으로 자신에 관한 것을 알 권리가 없습니다. 우리나라 법은 입양을 보낸 부모를 보호하는 쪽에 비중을 두고 있기 때문에, 아이 입장에서 나중에 뿌리를 찾고자 할 때 자신에 대한 어떤 정보도 알 권리가 없습니다. 만약 사회의 유명 인사가 된다면 아이를 입양 보낸 부모가 알아서 찾아올 수도 있지만, 우리나라 입양 관련 법은 모든 정보를 비밀에 부치도록 되어 있습니다.

언젠가 민효도 자신의 뿌리를 알고자 하는 욕구가 커질 날이 분명 올 것이라고 생각합니다. 그러나 나도 민효를 낳은 부모에 대해 아는 것이 없으니 말해 줄 것이 없습니다. 그저 "네가 훌륭한 사람이 되어 너를 낳은 엄마가 알아보게 하면 어떨까?"라는 말로 위로할 뿐, 달리 무슨 말을 할 수 있을까요. 낳은 부모, 자신의 뿌리를 알고자 하는 한 인격체가 견딜 수 있는 한계가 어디까지일지 알지 못하기 때문에 늘 민효의 권리를 찾아 주고 싶다는 생각을 하게 됩니다.

미국과 캐나다에서는 입양되어 자란 이들이 단체를 만들어 적극적으로 자신의 권리를 찾아 나서고 있습니다. 참 부러운 현실입니다. 반면 우리나라에서는 한 해에 1천 명의 아기가 입양되는데도 자신이 입양아라는 사실조차 모른 채 자라니, 누가 입양된 아이의 권리에 대해 목소리를 높일 수 있을까요?

한 단계 한 단계 조율해 나간다면 될 것도 같습니다. '해외 입양 3위 국가'라는 오명을 벗기 위해 미혼모들의 아기를 국내에서 적극적으로 입양하는 문화를 만들어 봅시다. 그리고 입양 사실을 숨기면서 전전긍긍하지 말고, 아이 스스로 자신의 정체성에 대해 알게 하고 나아가 처지가 같은 사람들과 교류하며 당연한 권리를 찾을 수 있도록 우리 부모들이 더 용감해져야 한다고 생각합니다.

평민의 유언장

세상 이치는 야박해서 남의 일처럼 느껴지는 불행이 내게도 닥치지 말라는 보장은 없습니다. 그래서 문득 유언장을 떠올렸습니다. 유언장은 돈 많은 재산가만 변호사를 선임해 쓰는 것이 아닙니다. 누군가의 자식, 누군가의 엄마나 아빠인 우리는 저마다 사회적 책임을 안고 살아갑니다. 간단한 편지 형식일지라도 소중한 사람들에게 마음을 전하고 싶다는 생각이 들었습니다. '유언장'이라는 단어에 깃든 절박함이 평상시에는 잘 모르고 지나친 내면을 들여다볼 기회를 줍니다.

한순간에 몇만 명이나 죽어 버린 일본 대지진의 재앙을 지켜보며 하염없이 눈물을 흘렸습니다. 어느 날 나도 저렇게 이 세상을 떠난다면 내 아이 셋은 어떻게 살아갈까요?

죽음이라는 당면한 진리와 마주하는 순간, 평소 귀찮기만 하던 내 가족과 일상이 애절하게 느껴질 것입니다. 늘 똑같은 아침 햇살이 오늘따라 유난히 밝아 보이고, 귀찮게만 하던 아이들도 가장 소중한 존재로 비칠 것입니다. 오늘을 살아가는 우리가 인생이 유한하다는 것을 깨닫는 순간, 그 주어진 시간 속에서 나를 돌아볼 시간을 갖는 계기를 만들어 줍니다.

정해진 시간에 '무엇을 하며 살아야 할까?'라는 질문은 의미가 없습니다. 오히려 '어떤 모습으로 살아갈까?'를 고민해야 하지 않을까요? 먹고사는 기본적 욕구가 충족되더라도 인생의 의미를 찾지 못한다면 브레이크가 고장 난 자동차로 고속도로를 달리는 것과 마찬가지입니다.

세상 사람들은 모두 '죽음'이라는 한길을 향해 갑니다. 그 끝을 어떤 이도 피해 갈 수 없습니다. 하지만 그 길을 가는 데 한 가지 길만 있는 것은 아닙니다. 죽기 위해 살아가는 사람이 있는가 하면, 삶을 즐기며 죽음을 향해 가는 사람도 있습니다. 죽기 위해 살아가는 사람은 삶의 목표도 없고, 하루하루가 다람쥐 쳇바퀴 돌듯 기계적으로 반복될 뿐입니다. 반면 삶을 즐기며 살아가는 사람은 죽음이 삶의 끝이라고는 생각하지 않습니다. 어차피 죽는 게 인간의 운명이라면 하루하루를 자신에게 주어진 마지막 날이라고 생각하며 열심히 살아갈 것입니다. 그에게 죽음은 큰 의미가 없습니다.

일흔이 넘은 노인이 30년 후 열매를 맺을 올리브 나무를 심는다는 이야기가 있습니다. 열매가 맺을 즈음엔 죽고 없을 텐데 무엇을 위해 나무를 심느냐는 이웃의 질문에 그는 이렇게 대답했습니다.

"맞아요. 나는 이 나무가 열매를 맺는 걸 보지도 못할 것이고, 그 열매를 따서 내다 팔지도 못할 것이오. 이미 죽고 없을 테니까. 그러나 이 나무가 30년이 지나 열매를 맺었을 때 그 열매를 따서 시장에 내다 팔고, 그 돈으로 다시 나무를 심을 누군가가 반드시 있을 것이라고 생각하오. 그 사람은 이 나무 덕에 아마 많은 도움을 받을 것이오. 보시오. 내가 어리석어 보이겠지만 나는 행복하다오. 나를 누군가 이 나무의 열매를 따면서 한 번은 생각해 주고, 또 고마워할 테니까. 그렇게 되면 나는 죽은 뒤에도 누군가를 행복하게 해 주는 셈이니 말이오."

나도 이 노인처럼 살고 싶습니다. 어차피 죽음이라는 문을 지나야 한다면 살아 있는 동안 숨은 내 잠재력을 키우기 위해 최선을 다하고 싶습니다.

이런 삶이 거창한 꿈은 아닙니다. 내가 던진 한마디에 까르르 웃어 주는 내 아이들을 위해, 내 도움으로 쑥쑥 성장하는 학생들을 위해 이 자리에 있을 수 있습니다. 살아가는 동안 자신을 살찌우고 나눔을 실천한다면 그 사람은 가치 있는 삶을 살아가는 것입니다. 나눌 수 있는 방법은 마음부터 금전적인 것까지 다양합니다. 타인에게 힘을 주는 댓글 하나부터 작은 관심, 기부까지 모든 것을 나눌 수 있습니다. 한 달에 1만 원이면 아프리카의 어린이에게 새로운 삶을 줄 수 있고, '입양'이라는 이름으로 가족의 행복을 함께할 수도 있습니다. 우리는 '나는 가난해' '여유가 없어'라는 변명으로 알면서도 실천하지 않는 삶을 합리화하며 살아갑니다.

오늘 하루, 소중한 가족을 위해 솔직한 마음을 남겨 보세요. 그리고 팍팍한 일상에 치여 잊고 살아온 삶의 의미에 대해서도 고민해 보세요. 유언장을 고이 접어 책갈피에 넣어 두면 아름다운 고백이 겹겹이 쌓이게 됩니다. 여러 번 새로 고쳐 써야 하는 재산 상속 유언장이 아니기 때문에 10장, 1백 장을 적어 두어도 가족에게 마음을 켜켜이 보여 줄 수 있어 소중한 선물이 될 것입니다.

한 치 앞도 짐작할 수 없는 삶, 누구도 피해 갈 수 없는 죽음이라는 길을 떠날 때 남겨질 가족에게 줄 마지막 선물로 진심을 담은 유언장만큼 아름답고 소중한 것이 있을까요?

내 딸의 엄마에게

혹시 너대니얼 호손의 『주홍 글씨』를 읽은 적이 있나요? 당신은 그 소설에서 누가 가장 잔인한 운명에 맞서고 있다고 생각하나요? 죽을 때까지 죄인의 증표인 주홍 글씨 'A'를 가슴에 달고 살아야 하는 헤스터 프린인가요? 아니면 스스로 가슴에 'A'를 새겨 타인에게 비난받는 것보다 더 고통스럽게 스스로 죄를 씻고 싶어 하는 목사 딤스데일이라고 생각하나요?

내게 이 소설에서 가장 슬픈 주인공은 자신을 낳은 어머니와 아버지의 죄를 짐작조차 하지 못한 채, 그저 아름답고 빛나는 아이로 자라고 있는 펄이었습니다. 펄의 가슴에는 주홍 글씨가 없습니다. 그러나 세상 사람들은 펄이 주홍 글씨를 단 헤스터 프린의 딸이라는 것을 모두 알고 있습니다. 펄이 눈부시게 성장할수록 사람들은 펄이 엄마를 닮았다며 수군거립니다. 비록 펄의 가슴에는 죄를 의미하는 주홍 글씨가 없지만 펄은 사람들의 머릿속에 주홍 글씨를 새긴 아이로 각인되어 있습니다.

소설을 읽고 가슴이 먹먹해져 울었습니다. 절대 내 딸이 헤스터 프린의 딸 펄처럼 되도록 내버려 두지는 않을 것입니다. 당신에게 분명하게 말할 수 있습니다. 세상 사람들이 아이를 버렸다느니, 아이를 포기했다느니 하며 원색적인 말로 당신에게 주홍 글씨를 새기고 손가락질한다면 결코 가만히 있지 않을 겁니다. 당신의 딸이 당신을 떠나왔다는 이유만으로 따돌림을 당하거나 사람들의 입방아에 오르내리는 것을 허락하지 않을 것입니다. 당신의 딸이 세상 사람들의 편견에 상처받지 않도록 하겠다고 스스로 다짐했습니다.

'내가 세상을 바꿀 수는 없다. 하지만 세상이 내 딸을 그런 시선으로 보며 주홍 글씨를 새기려 하면 절대 인정하지 않을 것이다. 내가 바위를 치다 깨지는 돌멩이가 될지언정 내 딸이, 내 아이가 세상의 편견에 상처받

게 하진 않을 것이다.'
그렇게 결심하고 또 결심했습니다.

    태어난 지 일주일도 안 된 당신의 딸이 천 리 길을 달려 서울에 가 있는 동안, 바보 같은 당신은 그저 아이가 그리워 울고 있었나요? 그저 아이가 남의 손에 자랄 것을 안타까워하고 있었나요?

당신의 딸은 당신이 생각하는 것보다 백배는, 아니 이 세상 은하수의 일억 곱절만큼이나 강한 아이가 될 것입니다. 그러니 당신도 헤스터 프린만큼 당당한 여자가 되어야 하고, 당신의 딸을 믿고 세상의 편견에 맞서야 합니다. 이 모진 세상에서 꿋꿋이 살아갈 당신의 딸을 생각하며 이를 악물고 힘을 내야 합니다. 스무 살을 갓 넘긴 아직 어린 나이겠지만, 당신의 딸이 앞으로 살면서 받게 될 상처에 비하면 그리움 정도는 입 밖으로 뱉지 말고 살아야 합니다. 더 강해져서 내 딸이 당신을 그리워하며 찾을 그날이 올 때까지 건강하게 살아야 합니다.

당신의 딸, 내 딸이 지금 내 나이가 되어 가정을 꾸리고 살아갈 때 나와 내 남편은 이미 이 세상에 없을 수도 있습니다. 이런 생각을 할 때마다 가슴이 막막해집니다. 내 딸이 스무 살이면 나는 쉰다섯이고, 내 딸이 서른 살이면 나는 예순다섯이고, 내 딸이 마흔 살이 되면 나는 일흔다섯이 됩니다. 만약 나와 내 남편이 생각보다 일찍 딸 곁을 떠나게 되면 혼자 남은 당신의 딸, 아니 내 소중한 딸은 얼마나 외로울까요. 아무리 강한 아이로 키워도 나도, 남편도 없는 그날이 오면 내 딸은 얼마나 외로울까요.

그런 날이 오면 당신이 내 딸에게 친구 같은 엄마가 되어 주어야 합니다.

용기를 내어 내 딸을 만나고 내 딸의 친구가 되어 주길 바랍니다. 마흔이 된 내 딸이 혼자라는 생각에 눈물을 흘릴 그날, 그런 날이 오면 당신이 내 딸의 곁을 지켜 주었으면 합니다.

언젠가 내 딸은 꼭 당신을 찾아갈 것입니다. 어쩌면 내 딸이 살아가는 이유가 당신일 수도 있으니까요. 그날이 올 때까지 내 딸만큼 당당한 여성으로 살아가기를 바랍니다. 슬픈 과거를 딛고 일어나 앞을 보고 나아가세요. 내가 당신에게 바라는 것은 오직 그것뿐입니다. 포기하지 말고 좀 더 힘을 내 강해지세요. 당신의 딸을 위해서 말입니다.

Epilogue

민효에게

네가 엄마 젖을 먹고 엄마를 보며 웃고 엄마를 향해 기어오던 시간, 내 목을 끌어안으며 "엄마, 사랑해"라고 말하던 순간이 머릿속을 스쳐 지나가는구나. 엄마는 지금 마음이 아파. 너를 보면 좀 더 오래 살고 싶다는 욕심이 생겨서 마음이 시리단다. 너를 낳은 후로 나이를 계산하는 버릇이 생겼어.
너에게는 늘 미안한 것뿐이구나. 2년 후엔 초등학교에 입학할 텐데 나이 많은 엄마를 네가 부끄러워할까 봐 미안하고, 언젠가 "엄마는 왜 만날 바빠? 왜 나랑 안 놀아 줘?"라고 투정할까 봐 미안하고. 나는 늘 너에게 미안하고 못난 엄마인 것 같구나.
민효야, 어느 날 '입양'이라는 말뜻을 이해할 날이 왔을 때 네가 받을 충격이 얼마나 클지 엄마는 알고 있단다. 네게 가장 큰 아픔일 수 있는 그 이야기를 엄마가 미리 해 주는 이유는 그게 네가 알고 받아들여야 하는 현실이기 때문이야. 사람은 누구나 살아가다 보면 현실을 부정하고 싶을 때가 있어. 하지만 네가 어디서 왔는지, 낳아 준 엄마는 누구인지 알아야 한다고 생각했단다. 만약 너를 낳은 엄마가 아기를 낳지 않겠다고 마음먹었으면 모든 게 한결 쉬웠겠지. 하지만 네 엄마는 끝까지 포기하지 않았어. 네가 세상에서 가장 사랑하고 고마워해야 할 사람은 너를 낳아 준 엄마야. 절대 네가 싫거나 미워서 떠나 보낸 게 아니란다. 그건 우리를 모르는 세상 사람들이 생각 없이 하는 말일 뿐이야.

사랑하는 우리 딸, 그런 말에 흔들리지 않을 수 있지? 너에게는 남들에겐 한 명밖에 없는 엄마가 두 명이나 있다는 사실을 기쁘게 받아들였으면 좋겠구나. 두 엄마 모두 너를 세상 누구보다 사랑한다는 사실도.

어쩌면 친한 친구가 네가 입양된 아이라는 이야기를 귀엣말로 할 수도 있고,

네가 사랑하는 사람의 부모가 입양아라는 이유로 결혼을 허락하지 않을 수도 있어. 어느 날엔 그런 네가 싫어 모든 걸 놓고 싶은 생각이 들 수도 있겠지. 어쩌면 숙명처럼 다가올 그런 날에 대비해 현실을 받아들이고 현명하게 대처할 수 있는 방법을 함께 찾아보도록 하자.

왜 그런 연습이 필요하냐고? 그건 엄마가 네 곁에 영원히 있어 줄 수 없기 때문이야. 지금은 너를 위해 알량한 글 한 줄 남겨 힘을 줄 수 있지만 내가 이 세상에 없는 날, 네가 혼자 외로움에 떨게 될까 봐 엄마는 두려워.

민효야, 너를 처음 만난 그날부터 지금까지 한순간도 엄마는 널 부인해 본 적이 없어. 지금까지 하루도 내가 너를 낳지 않아 다르다고 생각해 본 적도 없어. 너는 내게 하나밖에 없는 딸이고, 나를 빼닮은 내 분신이니까.

살아가다 어느 순간 혼자뿐이라는 생각이 엄습해도 네 자신을 외로운 삶으로 내몰지는 말았으면 한다. 내가 없는 세상이 와도 네게는 누구보다 너를 사랑하는 너를 낳은 엄마와 나, 오빠들이 있다는 걸 잊어서는 안 돼.
이번 생에 내 딸로 와 줘서 고맙다. 사랑하는 딸아, 누구보다도 건강하고 밝게 크길 바란다. 강한 아이로 성장하는 것이 나와 너를 낳은 엄마에게는 최고의 선물이야.

사랑한다, 민효야.

2011년 5월 엄마가

BONUS INFO

우리 가족을 위한
희망 입양 바로 알기

사람들은 대개 입양한 가족을 특별한 시선으로 바라봅니다.
하지만 입양은 훌륭한 일도, 천사들이나 하는 일도 아닙니다.
입양은 아이를 사랑할 줄 아는 따뜻한 마음만 있다면
누구든 할 수 있는 일입니다.
실천하는 입양을 위한 사회적 절차를 정리했습니다.

1. 국내 입양 절차

아이를 입양하기로 결정했다면 입양 기관 목록을 보고 전화를 한다. 당장 입양하고 싶어도 바로 아기를 데려올 수 있는 것은 아니다. 입양 기관에서 운영하는 미혼모 시설에서 누군가 출산을 해야 하고, 부득이 비공개 입양을 할 경우 여러 가지 조건이 맞아떨어져야 하므로 최소한 6개월은 대기해야 한다.

현재 입양 수수료를 정부에서 전액 지원하므로 실질적으로 입양 기관에 입양하고자 하는 부모가 지불해야 하는 비용은 없다. 서류를 접수하면 입양 기관에서 양육할 가정을 직접 방문해 사전 조사를 하는데, 그 후 엄마 아빠 모두 기관에서 실시하는 교육을 받으면 된다(선택 사항). 이 기간에 입양한 아기를 보호하고 양육하는 문제에 대해 충분한 교육을 받고 생각할 시간을 갖게 된다.

이후 입양할 아기가 결정되고 건강검진을 받아 그 결과 '정상' 판정이 나면 아기는 입양할 부모에게 보내진다. 입양한 부모가 아기의 출생신고를 마치면 법적인 가족이 된다.

〈양부모의 처리 절차〉
① 부부(독신자와 가족)간 충분한 합의
② 입양 신청서 접수
③ 양부모의 입양 상담과 아동 양육 교육
④ 전문 사회복지사의 가정 방문 조사 (2~3회)
⑤ 아동 선정과 대면
⑥ 입양 성립과 사후 관리 (양부모에게 아동의 기록과 소유 물품 등 인계)
※ 입양 효력 발생 : '가족 관계의 등록 등에 관한 법률'에 따라 시·군·구청에 신고

〈부모가 되기 위한 조건〉

① 기혼 가정인 경우

- 25세 이상, 아동과 연령 차 60세 미만
- 정신적·신체적으로 건강한 부모로서 아동이 성인이 될 때까지 충분한 경제적·정서적 지원과 사랑으로 양육할 수 있는 가정

> * 구비 서류
> 가족관계증명서 1통, 혼인관계증명서 1통, 주민등록등본 1통, 건강진단서 1통(부부 각각)

② 독신 가정인 경우

- 35세 이상, 아동과 연령 차 50세 이하
- 정신적·신체적으로 건강한 사람으로서 사회적·경제적으로 안정된 직업에 종사하며 아동 양육에 필요한 경제력을 갖춘 사람
- 입양 가능 양부모 자격 확대(2007년 시행규칙 개정) : 독신자 허용, 연령 제한 완화(아동과 연령 차 45세 미만→60세 미만), 자녀 수 제한(5명 이내) 규정 삭제

> * 구비 서류
> 가족관계증명서 1통, 주민등록등본 1통, 건강진단서 1통, 소득 관련 증빙 서류 1통, 자녀양육계획서, 입양적격추천서 등 추가 서류 필요

2. 국내 아동 입양 기관

보건복지부 홈페이지에 등록된 입양 기관에 전화해 입양 의사를 밝히면 상담할 수 있다. 거주 지역을 말하면 그 지역의 지부로 연결해 주는 곳도 있다.

업무	기관명	주소	연락처
국내·외	홀트아동복지회	서울시 마포구 합정동 364-70	02-331-7000 www.holt.or.kr
국내·외	동방사회복지회	서울시 서대문구 창천동 493	02-332-3941 www.eastern.or.kr
국내·외	대한사회복지회	서울시 강남구 역삼동 718-35	02-552-7420 www.sws.or.kr
국내·외	한국사회봉사회	서울시 도봉구 쌍문동 533-3	02-908-9191 www.kssinc.org
국내	성가정입양원	서울시 성북구 성북2동 산 9-15	02-764-4741 www.holyfcac.or.kr
국내	서울특별시 아동복지센터	서울시 강남구 수서동 산 4-1	02-2040-4200 http://child.seoul.go.kr
국내	부산광역시 아동보호종합센터	부산시 서구 아미동2가 125	051-240-6321 http://adong.busan.go.kr
국내	부산아동상담소(동방)	부산시 중구 대창동1가 23	051-469-5586 www.iadopt.or.kr
국내	대구아동복지센터	대구시 남구 봉덕2동 920	053-473-3771 www.i-sarang.org
국내	해성보육원	인천시 남구 용현4동 183-6	032-875-3240 www.hschild.or.kr
국내	광주영아일시 보호소	광주시 동구 소태동 446-3	062-222-1095 www.kjsws.or.kr
국내	사회복지법인 원영재단 늘사랑아동센터	대전시 동구 가양1동 307-3	042-634-0061 www.bbomany.or.kr

업무	기관명	주소	연락처
국내	울산양육원	울산시 울주군 언양읍 송대리 15	052-277-5636 www.adong.or.kr
국내	안양아동상담소(동방)	경기 안양시 동안구 비산2동 570-9	031-442-7750 www.ayeastern.or.kr
국내	대한사회복지회 경기지부	경기 의정부시 녹양동 318-5	031-877-2840 www.swskg.or.kr
국내	강릉자비원	강원 강릉시 포남동 1156	033-642-3555 www.jabiwon.or.kr
국내	꽃동네천사의집	충북 음성군 맹동면 임곡리 산 1-45	043-879-0285
국내	홍성사회복지관	충남 홍성군 홍성읍 오관리 701	041-632-2008 www.hsswc.kr
국내	전주영아원(홀트)	전북 전주시 중화산동2가 623-2	063-222-1559 www.jjbabyhome.or.kr
국내	이화영아원(대한)	전남 나주시 보산동 127-1	061-332-1964 www.happyehwa.net
국내	임마뉴엘영육아원	경북 김천시 교동 591	054-434-2821 www.imanuel.or.kr
국내	홍익아동복지센터	제주 제주시 구도련1동 2043-1	064-755-0844 http://hongikcenter.or.kr

출처: 보건복지부(www.mw.go.kr)

3. 입양 가정에 대한 지원

대한민국에 정부가 13년간 매달 10만 원씩 지원하는 양육비 때문에 아기를 입양한 가정은 드물다. 입양이라는 좋은 일을 하는 데 돈 이야기를 꺼내면 이상하다 생각할 수도 있지만, 아이 한 명을 키우는 데 드는 양육비와 교육비는 입양을 생각하는 가정에 직접적 고민거리가 된다. 우리나라는 입양 부모도 다른 부모와 같은 조건으로 수입에 근거해 보육비 지원을 받는다. 만 4세 딸을 키우는 데 드는 보육비는 한 달에 50만 원 선. 많은 입양 부모가 정부의 정책적 지원에 대해 아쉬움을 토로한다. 보육비 지원은 물론 대학 입학 시 '기회 균형 선발 전형' 등에 입양 아동에 대한 조항이 포함되면 양육은 물론 교육을 담당해야 하는 부모 입장에서 아이의 미래를 더 긍정적으로 생각할 수 있지 않을까 하는 아쉬움이 남는다.

- 입양 수수료, 입양 양육 수당 (13세까지 월 10만 원씩), 의료보호 1종 (2007년 시행)
- 장애 아동의 경우 18세까지 장애 아동 입양 양육 보조금 (중증 월 62만 7천 원, 경증 및 기타 월 55만 1천 원)과 의료비 (연 2백60만 원 한도 예정) 별도 지원 (1996년 시행)
- 공무원 대상 입양 휴가제 (2주) 실시

4. 공개 입양

아기를 입양하는 이유는 여러 가지가 있을 수 있다. 아기를 낳지 못해 입양하는 경우, 아기가 있어도 입양하는 경우, 종교적 이유로 입양하는 경우 등 여러 가지 사유로 입양이라는 법적 절차를 거쳐 아기를 한 가정의 자녀로 양육하게 된다. 어떤 이유로 입양하든 가장 먼저 고려해야 할 점은 입양 사실을 알릴지, 비밀에 부칠지 여부다.

입양이 보편화된 미국에서 '공개 입양open adoption'을 결정하는 이유는 우리가 생각하는 것보다 훨씬 광범위하고 다양하다. 단순한 심정적 원인이 아니라 의학적 이유로 결정하는 경우도 있다. 입양한 아기의 건강에 문제가 생길 경우 도움을 받아야 하기 때문에 아기를 낳은 엄마와 연락하며 지내기도 한다.

입양 사실, 아이에게 알려야 할까?

입양이 보편화된 미국에서도 입양 사실을 알리지 않은 경우 사춘기 이후 진실을 알고 배신감과 더불어 자신에게 왜 이런 일이 생겼을까 분노하는 사례가 많고, 그래서 이 문제에 대해 상담하는 이들도 많다.

미국의 입양 기관 American Academy of Pediatrics 에서는 아이가 이해할 수 있는 가장 빠른 시점에 입양이라는 사실을 알려 줄 것을 권한다. 우리나라 나이로 3~5세가 가장 적당한 시기라고 한다. 아기를 낳는 과정과 입양을 소재로 한 그림동화책을 차례로 읽어 주어 자연스럽게 현실을 받아들일 수 있도록 도와야 한다. 아기를 낳아 입양 보내는 과정, 그리고 아기가 새로운 가정에서 엄마와 아빠, 언니, 오빠와 함께 생활하는 과정 등을 자연스럽게 인식하도록 할 것을 권한다. 아기가 자기 자신에 대해 궁금한 것을 물으면 숨기지 말고 이야기해 주고 입양 사실을 빨리 알릴수록 가족이 편안하게 대화할 수 있다고 조언한다.

아기를 입양한 당시 사진이나 발 도장 사진 등 기억할 만한 것을 간직하고 있다면 조금 더 쉽게 이야기를 끌어갈 수 있다. 이런 사진을 곁들인 기록장 형태를 보통 '라이프 북'이라고 하는데 아이를 입양하기 전 가족의 모습과 부모의 마음가짐, 준비 과정 등을 간단한 일기 형식으로 기록하고 입양한 후 아기 사진 등 일상을 남기면 된다. 라이프 북은 아이에게 자신의 사라진 조각을 찾는 좋은 자료가 될 수 있고, 현재 부모가 자신을 만나기 위해 얼마나 많은 시간 준비하고 또 행복했는지 아이에게 알려 줄 수 있다.

부모가 앞장서서 용감해져야 한다. 입양에 대한 교육을 받고 공부하는 것은 물론 아이의 장래를 위해 서로 교류해야 한다. 그중에서도 가장 중요한 것은 입양하지 않은 수많은 가정에서 입양아와 입양 가정을 '특별한 존재, 특별한 가정'으로 인식하지 않는 성숙한 태도다. 이 두 가지가 병행되어야 입양된 아기가 자신의 정체성을 자연스럽게 찾아가는 사회 분위기를 만들 수 있다.

5. 도움 받을 곳

우리나라는 인터넷을 뒤져 봐도 입양에 관한 참고 자료가 많지 않다. 오히려 '입양'이라는 검색어를 치면 강아지 입양에 관한 이야기가 더 많이 나오는 것이 현실이다. 즉 입양을 얼마나 패쇄적으로 해 오고 있는지 짐작할 수 있다. 인터넷에서 '입양 기관'이라는 단어를 검색하면 입양을 주관하는 기관을 찾을 수 있는데, 여기서 입양 절차와 입양 사례 등을 상담할 수 있다. 또 입양한 가족 모임인 한국입양가족협회 홈페이지(www.chamsamo.com)에서는 아이를 입양한 가족이 정기 모임을 통해 정보를 공유하는 것은 물론 입양한 선배 가족의 아낌없는 조언도 받을 수 있다.

6. 고운 말 미운 말

공중파 드라마에서도 버젓이 "버리려면 제대로 버리지" "근본도 없는 것"이라는 대사가 등장한다. 입양의 아름다운 취지를 알리는 다큐멘터리를 방영하는 채널 반대편에서는 입양아를 근본도 모르는 사람으로 표현한다. 엽기적 살인을 저지른 살인자가 입양아였다는 기사를 대서특필해 사람들의 머릿속에 '근본도 모르는 사고뭉치'라는 강한 인식을 남긴다. 부정적 시선으로 바라보면 무엇이든 선입견을 갖게 되기 마련이다. 사람들이 무의식적으로 하는 한마디기 사회의 관념으로 자리 잡고 있다.

아이를 입양했다고 말하거나 스스로 입양아라고 당당히 밝힐 수 있는 문화가 자리 잡으려면 '말'이 바로 서야 한다. 입양이 보편화된 영어권 나라에서는 입양에 대한 긍정적 언어를 사용하자는 가이드라인을 입양 관련 웹사이트 등에서 다양하게 제시하고 있다. 우리가 흔히 말하는 '친엄마'라는 표현은 진짜 엄마와 가짜 엄마가 있다는 논리를 내포하고 있다. 긍정적인 표현을 사용해 입양을 있는 그대로 받아들일 수 있는 문화가 뿌리내리도록 해야 한다.

예를 들어 '진짜 부모'나 '친부모'는 '낳은 부모'나 '생물학적 부모'로, '아기를 버렸다'는 말은 '아기를 입양 보냈다' 등으로 표현하는 것. 이런 작은 노력이 편견 없는 생각과 실천으로 이어진다.

긍정적 표현	부정적 표현
낳은 부모, 생물학적 부모	진짜 부모, 친부모
낳은 아이	자기 아이, 친자
내 아이	입양한 아이, 데려온 아이, 업둥이
미혼모의 아이	불법으로 낳은 아이
친권을 포기한다	아이를 포기한다
아기를 입양 보낸다	아기를 버린다
아기를 양육한다	아기를 길러 준다
부모	입양한 부모
낳은 엄마를 찾는다	친부모를 찾는다
입양되어야 할 아기	원치 않는 아기
특별한 보호가 필요한 아기	장애 아기

참조: www.adoptivefamilies.com